戴竞宇　沈沉◎著

奢侈品时尚学

中国纺织出版社有限公司

内 容 提 要

中国境内的奢侈品零售业发展良莠不齐，面临发展的困顿，理论研究匮乏，对于奢侈品的研究十分迫切。本书基于实证研究的研究范式，以奢侈品的发展、理论分析、理论模型构架为核心，通过量化分析详细阐述了奢侈品发展与顾客心理、奢侈品设计的辩证关系，呈现了作者多年来对奢侈品理论的研究。同时，配以大量设计案例研究，分析了奢侈品之美在时尚业发展中的作用和影响。

全书图文并茂，内容翔实丰富，图片精美，针对性强，具有较高的学习和研究价值，不仅适合高等院校服装专业师生学习，也可供奢侈品从业人员、研究者参考使用。

图书在版编目（CIP）数据

奢侈品时尚学 / 戴竞宇，沈沉著. -- 北京：中国纺织出版社有限公司，2022.8

ISBN 978-7-5180-9711-1

Ⅰ. ①奢… Ⅱ. ①戴… ②沈… Ⅲ. ①消费品 — 研究 — 中国 Ⅳ. ① F724.7

中国版本图书馆 CIP 数据核字（2022）第 130228 号

SHECHIPIN SHISHANGXUE

责任编辑：李春奕　　责任校对：江思飞　　责任印制：王艳丽

中国纺织出版社有限公司出版发行

地址：北京市朝阳区百子湾东里A407号楼　　邮政编码：100124

销售电话：010 — 67004422　传真：010 — 87155801

http：//www.c-textilep.com

中国纺织出版社天猫旗舰店

官方微博http：//weibo.com/2119887771

天津宝通印刷有限公司印刷　各地新华书店经销

2022年8月第1版第1次印刷

开本：787×1092　1/16　印张：9.5

字数：140千字　定价：69.80元

目 录
CONTENTS

01 奢侈品概述

001

02

奢侈品营销

03

奢侈品顾客感知

04

奢侈品消费量化研究

06

奢侈品变量分析

01

奢侈品概述

1.1

奢侈品研究背景

1.1.1 奢侈品的由来

奢侈品（Luxury）源于拉丁文的"光"（Lux）。所以从字面意思理解，奢侈品应是闪光的、明亮的、吸引人的、让人享受的物品。牛津词典中对Luxury的解释是：Luxury a thing that is expensive and enjoyable but not essential。《辞海》对奢侈释义为：不节俭，过分，过多，阔，夸大。《消费经济学大辞典》的解释为：奢侈消费品，又称奢侈消费资料。奢侈品所涵盖的范畴，随着社会生产力的发展和顾客收入水平的提高而变化。一定时期的奢侈品可能成为另一时期的生活必需品。

奢侈品最早出现在欧洲国家一些宫廷王公、贵族的生活中（图1-1），在15世纪的法国，奢侈消费主要集中在各种节目、公共演出、招待会和欢庆游行活动之中，同时还创造性地兴起了奢侈品消费方式，这种消费方式首推建筑上的奢侈品，这不仅指建筑物本身，也指其中豪华的装饰品。其次是服装奢侈品，华丽的服装是宫廷贵妇人们所钟爱和追随的。

图1-1　15世纪显示宫廷聚会的油画

由于日用品的匮乏，在15～16世纪的意大利出现了烹调艺术，这时吃的奢侈品就出现了，甜品、糖、可可、咖啡和茶叶都成了上等奢侈品，而这些都是仅供极少一部分贵族、王公所使用的。到了18世纪，奢华的宫廷用品更是成了奢侈品的准确代名词（图1-2）。

必需品和奢侈品的界限是随社会发展而变化的，生活必需品和奢侈品之间

图 1-2　《绝代艳后》（*Gorgeous Queen*）电影中 18 世纪的奢侈场景

并没有严格的或一成不变的界限。有些消费品昨天还是奢侈品，而今天则成了生活必需品。德国社会学家维尔特·桑巴特通过研究 15～18 世纪欧洲资本主义形成的历史，发现贵族阶层对奢侈品的需求促进了工业水平的提高、进出口贸易的活跃和城市的繁荣。政府对奢侈品采取宽容的态度。那些在 17 世纪资本主义制度迅速发展的国家，都废除了禁止奢侈的法律。1621 年法国颁布了服装法规，其中包含某些禁止使用奢侈品和美食的条款。到了 1644 年和 1672 年，出于造币的需要，开始禁止使用价值超过 50 里弗尔❶的海狸皮帽；法国最后颁布的禁奢令是 1708 年的服装法令。当时一些最重要的作家也为提倡奢侈而推波助澜。奢侈品消费阶层的产生最初表现在业务分化上，在生活习惯上，男女担任着不同的工作，生产业务和非生产业务之间有了区别，出现了身份的差别。在未开化的较高阶层，政治、战争、宗教、信仰和运动比赛这些非生产性业务归上层阶层掌握，生产性业务则由下层阶层担任。这种业务的差别具有歧视性，非生产性业务在习惯上被认为是光荣的、值得尊敬的。在现代社会，这种区别仍然变相存在。

---

❶ 里弗尔：1 里弗尔相当于 1 磅白银（约 490 克）。

自20世纪80年代中国实行"对内改革，对外开放"的国策以来，中国保持了红红火火三十年的高速经济增长，随之也伴随文化的进一步繁荣，老百姓安居乐业，人民生活水平提高，人民的物质文明和精神文明都得到了极大程度的发展。在过去三十年的发展历程中，无论是横向与其他国家相比，还是纵向与自身发展的历史相比，经济发展的各个层面都取得了史无前例的巨大突破，被列为经济增长"三驾马车"的消费在其中发挥了非常重要的作用。经济的持续高速稳定发展使老百姓的收入增加，对奢侈品的庞大消费需求有了一定的经济基础保障。按照国际的经验，人均GDP超过1000美元，消费结构将向发展型、享受型升级，更多的中、高档消费会进入越来越多的人的生活，而过去的很多奢侈品将逐渐转变成居民的必需品，中国将成为全球增长最快、发展前景广大、利润丰厚的奢侈品市场之一。

普华永道的分析师岳峥指出，中国的奢侈品消费和国外相比有两个不同点：首先，在中国购买奢侈品的大部分是40岁以下的年轻人，而在发达国家，这个市场的主导者是40~70岁的中年人和老年人；其次，对于中国人来说，奢侈品大部分还集中在服饰、香水、手表等个人用品上（图1-3），而在欧美国家，房屋、汽车、全家旅游才是大家向往的奢侈品。德勤发布的《2017中国奢侈品网络消费白皮书》（以下简称"白皮书"）显示，2016年，全球奢侈品市场整体规模增长3.32%，中国奢侈品销售额占全球总额的21%，仅次于美国位居世界

图1-3　北京第一家路易·威登（Louis Vuitton）店位于王府半岛酒店内

第二。《世界奢侈品报告蓝皮书》称，中国奢侈品市场消费总额已达到107亿美元，已成为全球第二大奢侈品消费国。

1.1.2 奢侈品的理论基础

在词典中，"奢侈"是指"花费大量钱财追求过分享受"。既然是"过分"，就或多或少包含着贬义。奢侈最令人称道之处是其创造新市场的功能。"奢侈绝对有其必要"，但是否属于过度消费，只能由社会来评价。对奢侈品的消费要有辩证的认识。奢侈品的概念在不同的年代有不同的认识：20世纪80年代，拥有一台彩电就是一种奢侈的享受（图1-4）；20世纪90年代，拥有一辆私人轿车就是一种奢侈的享受；步入21世纪后，拥有一套私人别墅就是一种奢侈享受。现在，彩电梦大家都已经实现了，轿车梦很多人也已经实现了，别墅梦也有不少人已经实现了。同一件消费品，对某些人来说是奢侈品，但对另外一些人来说可能只不过是件必需品。顶级奢侈品是非生活必需品，它具备稀有性、昂贵性等特点，是极少数人满足工作或生活的所需品。奢侈品在中国已成为一种消费趋势，一种高品位消费文化，一种精致生活考究，尤其是顶级奢侈品，是拥有财富的人满足自己的一种生活方式。

以社会取向的价值观系统来描述中国文化价值观是比较合适的。许多研究者认为消费文化是引导和约束顾客行为与偏好的文化规范，消费文化受顾客文

图1-4　20世纪80年代中国人的奢侈品

化价值观的影响。中国人的奢侈品消费行为在很大程度上是符合中国人的社会取向与消费文化的。理解我国顾客购买奢侈品的动机，需考虑我国社会文化背景因素。中国文化价值观主要受人际关系和社会取向两个因素的影响，因为中国文化植根于儒家文化。儒家文化下奢侈品的获得方式一般通过礼物购买的方式实现，礼物是建立和保持儒家社会关系的重要纽带，奢侈品被认为是合适的礼品，因此，奢侈品的获得一般通过礼物交换的方式。并且在中国文化背景下，在选择奢侈品作为礼品时，更强调产品的品牌生产商和生产国。

桑巴特（Werner Sombart）认为奢侈具有量和质的内涵：量的奢侈指对物品的浪费，质的奢侈指使用比较好的物品。沃尔冈·拉茨勒（Volgon Rtzler）在畅销书《奢侈带来富足》对奢侈品进行定义，并指出奢侈是一种生活方式，是将有形的品牌材料与精神价值、品牌形象和品牌融为一体的整体感。

凡勃伦（Thorstein Bunde Veblen）指出，在野蛮时代，不存在经济特权和业务分化，因而还不存在"奢侈品消费阶层"（图1-5）。在金钱竞赛中占优势的阶层力图过悠闲的生活。在习惯的道德标准的支配下，他们把参加劳动看作是有

图1-5　凡勃伦描绘的阶层社会

损体面的事情。在他们看来，只有过悠闲的生活才能保持自鸣得意的心情，才能显示自己比别人优越。他们日常只是从事一些没有实际作用的脑力劳动，如学习礼仪、讲求修养等。为了在消费财物的数量和等级上达到"习惯的礼仪标准"，奢侈品消费阶层总是争取提高消费水准，在消费上超过物质生活所必需的程度。人们争取提高消费水准的动机是满足竞赛心理和"歧视性对比"的需求，其目的不过是要在荣誉方面符合"高人一等"的生活习惯。在财产私有制度下，由于金钱财富成为取得荣誉和博得尊敬的基础，它也就成为评价一切事物的标准，以显示金钱为目的。奢侈品消费阶层在服装上的好奇斗胜和极力奢侈，说明他们借此夸耀自己的财富，表明自己的悠闲和浪费性的消费。

沃尔冈·拉茨勒认为：奢侈是一种整体或部分地被各自的社会认为是奢华的生活方式，大多由品牌或服务决定。按照沃尔冈·拉茨勒的观点，奢侈品和奢侈已经是同一概念了，因为它定义的是一种生活方式。1997年，让·诺埃尔·卡普费尔（Jean Noel Kapferer）给出了"奢侈品"一词的符号学解释及其社会学含义：代表的是美好的事物，是应用于功能性品牌的艺术。它提供的不仅是纯粹的物品，也是高品位的代名词。

贝恩公司2016年的调查显示，全球奢侈品消费量已增长到每年1.06万亿欧元的估计市场规模。奢侈品被视为具有强大正收入需求弹性的昂贵稀有商品，与必需品相反：收入的增加导致奢侈品需求的更大增长。文献分析表明，对奢侈品的定义缺乏共识，部分原因是"奢侈品"本身是一个模糊的术语。奢侈品有广义和狭义之分，广义的奢侈品是指超出顾客基本需求之外的消费品，狭义的奢侈品则指顾客消费结构中最高级别的消费品，在一定时期，由顾客和实业界共同约定俗成，奢侈品在不同的地区和不同的时期其内涵是变化的，是一个相对的概念。

1.1.3 奢侈品的定义

经济学中，奢侈品的定义往往是相对于必需品来说的。亚当·斯密（Adam Smith）在《国富论》中只是给出了必需品的定义，然后将所有不属于必需品的物品归为奢侈品。根据经济学，奢侈品的定义为：随着收入的增长，商品的需求量也在增长，但需求的增长幅度高于收入的增长幅度，该商品就是奢侈品。学者们总结出以下几个常见概念（表1-1）。

表1-1 奢侈品的定义

年代	作者	定义	侧重点
1994	迪布瓦（Dubois）	奢侈品一词含有"高档的、高质量的、具有品位的、阶层"的意义	质量、品位以及阶层的印记
1997	卡普费尔（Kap ferer）	奢侈品代表的是美好的事物，是应用于功能性品牌的艺术	仅是纯粹物品，它还是高品位的代名词
1998	纽诺（Nueno）、奎尔奇（Quelch）	奢侈品是功能效用在价格中占比很低，但无形和情境效用占比很高的品牌	无形和情境效用大于功能效用
2000	尼娅（Nia）、扎伊可夫斯基（Zaichkowsky）	奢侈品是指那些最高级的声望品牌，包含了一系列物质的和心理的价值	声望品牌与物质和心理价值
2005	莫特尔曼（Mortelmans）	奢侈品是指那些拥有的符号价值在功能价值和经济价值之上，或者代替了这些价值的品牌	符号价值最大化，对象征意义的追求
2010	哈娜（Han）	通过购买商品或服务，为购买者带来地位或社会声望价值的品牌	买奢侈品是为了得到地位和声望价值
2011	汉森（Hansen）、旺克（Wanke）	美国传统英语词典认为，奢侈品是"非必需的却带来享受和快乐"，或"昂贵的及难以获得的"品牌	奢侈品带来的享受、愉悦及排他性

　　只有准确清晰地认识到奢侈品的价值，才能够对奢侈品进行深入的研究。凡勃伦的《有闲阶层论》被认为是早期奢侈品研究的重要著作。他从心理学和社会学角度解释奢侈及其变化。凡勃伦认为对奢侈和财富的看重均出自这种出人头地的冲动。即使人们承认这种冲动是一种像饥饿和爱那样的人类的天性，这种天性以奢侈的形式出现，是以某种方式借助一定的条件共同作用的结果。研究者进一步认为，奢侈可以理解为包括两个方面：量的方面和质的方面。数量方面的奢侈与挥霍同义。质量方面的奢侈就是使用优质物品。在大多数情况下，这两种类型是结合在一起的。从"质量方面的奢侈"这一概念出发，可以得出"奢侈品"这一概念，它以"精制品"为典型。

　　"精制"就是对品牌进行普通用途的加工之外的任何再加工。通常，精制的对象既包括原材料也包括品牌外观。如果从绝对意义上去理解"精制"，那么我们使用的绝大多数物品将被归入精制品之列，因为人们使用的几乎所有物品都能满足超乎动物生存之上的需求。因此，研究者必须从相对意义上看待奢侈需求，而且只在物品的精致程度超过流行的奢侈标准的情况下使用"精制"这一术语。这种受到严格限制的对精制品的需求应被称作奢侈需求，满足这种需求的商品应是严格意义的奢侈品（图1-6）。

《奢侈与资本主义》一书中最后这样写道："奢侈，它本身是非法情爱的一个嫡出的孩子，是它生出了资本主义。"桑巴特

图1-6 爱马仕（Hermès）手工定制

对资本主义的诞生从奢侈的角度给予了解释，尽管这不是本书所关注的主要议题，但他对奢侈的产生及相关的思考还是非常有价值的。

奢侈的定义自古就和政治结合。宫廷、贵族和模仿他们的阶层大量消耗着奢侈品，一旦和政治阶层结合，奢侈品消费就成为部分人的集体行为，他们消费的大多不是保障个人生活的必需品。古代贵族消费奢侈品是身份的象征，中国自古以来就有一旦快速占有大量财富就模仿贵族生活、大量消耗奢侈品来表明自己地位上升的现象。在当代奢侈品也有异化为意识形态化倾向，用意识形态区隔他人，随着经济和社会的发展，中国有能力消费奢侈品的一部分人从自身教育水平及理想出发，渐渐地将奢侈品消费和文化、品位、主张结合起来，巧妙地维持、昭示社会身份地位。

千禧年后，受消费主义和享乐主义的影响，中国顾客也存在个人取向的奢侈品消费动机：自我享乐、品质精致和自我赠礼。当代中国顾客奢侈品的消费动机是历史和现代的交织。对于奢侈品顾客的研究和奢侈品品牌的研究，是未来商业上的一块丰腴之地：奢侈品品牌的溢价是商业利润的最高端，而奢侈品的消费群体即高端商务人士群体和上层人士，是最有消费力和商业价值的消费群体。未来的研究可以从两条路径推进：一条是对于奢侈品的品牌研究，另一条则是对于奢侈品顾客的研究。

1.2

奢侈品消费现状及趋势

1.2.1 欧美奢侈品消费现状及趋势

来自美国的一项零售消费报告显示，2015~2020年美国人在奢侈品上的消费额增加了3.8%，除了高收入者一贯青睐奢侈的生活方式外，中等收入者也更加倾向于购买高档商品。个人奢侈品以及豪华车的消费各增长了5.6%~18.5%。即使在疫情蔓延的背景下，高收入阶层对奢侈品的消费欲望和能力仍然保持在很高水平。全美零售联盟市场部总经理帕姆·丹齐格（Palm Danzig）认为，越来越多的中等收入阶层正迈向高档品牌。与此同时，很多中档品牌也开始提供高档商品。美国7万亿美元的消费市场中，顾客的消费行为体现在追求更加豪华的汽车，更加讲究的室内装修和设备，设计师定制服饰，别墅、生活空间越来越大，饮用更加高级的葡萄酒和烈性酒，获得一些内部艺术展览、电影观摩的入场资格，参加私人花园的派对等，他们还会在奢华的地标性商场购物（图1-7）。

在今天的西方国家，一种新的奢侈品现象已经悄然浮出水面，炫耀财富不再是奢侈的象征，取而代之的是平常难得的生活体验。近来不断走弱的美元使美国的奢侈品市场近期表现很好。美国人如今对奢侈品消费的观念也有了改变。过去人们只把目光盯在那些世界一线品牌上。随着时代的发展，奢侈品消费行为发生了很大的改变。许多不太富裕的美国年轻人正对蔻驰（Coach）、博柏利（Burberry）、汤丽·柏琦（Tory Burch）之类的次顶级品牌趋之若鹜，他们把这称为"轻奢"。这个对奢侈品定义的新观念正驱动着美国高端商品市场蓬勃发展。数据显示，美国奢侈品市场正以4%~6%的速度增长。正如康奈尔大学经济学教授罗伯特·弗兰克（Robert Frank）所说的那样："高端奢侈品顾客的影响潮流已波及我们此类人身上。"弗兰克教授对美国人的消费选择做了观察，他发现无论收入多少，人们都倾向于在地标性的奢华商场购买"特殊"的圣诞礼物（图1-8）。无论是1000美元的手袋、200美元一罐的面霜，还是50美元的狗项圈，很多人都会去买同种类别中最贵的。

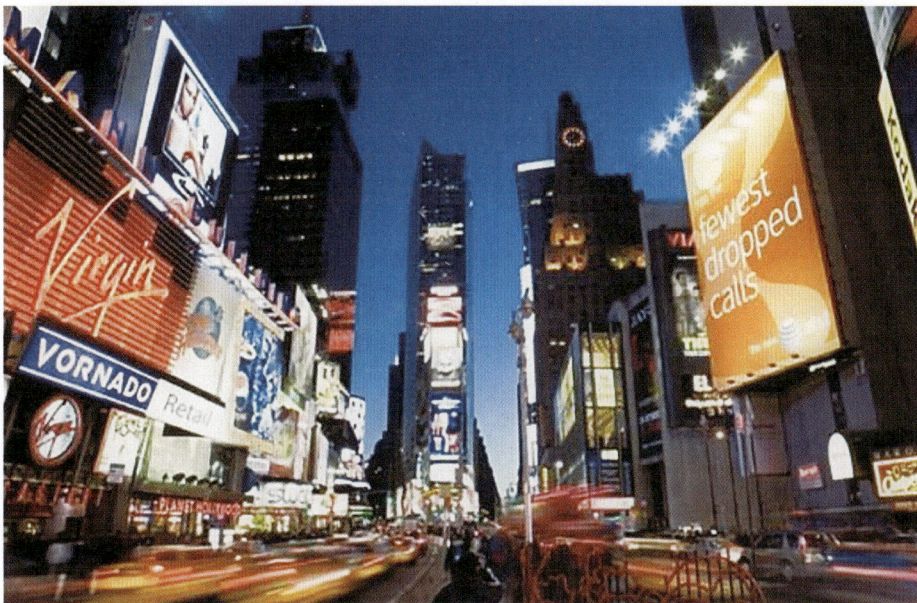

图 1-7　美国第五大道（Fifth Avenue）奢侈品街

　　"二战"后出生的美国婴儿潮一代的第一批人在2020年后将逐步进入60岁，他们的享乐主义思想是奢侈品消费升温的重要原因。另外，婴儿潮一代家庭中的孩子越来越倾向于与父母们分开独立生活，因而这些家长们在家居方面的开销大大降低，随之在个人高消费追求上也就显得更加游刃有余。数据表明，一般用于家庭的奢侈品消费2020年开始有所下降。美国的婴儿潮一代已经全面掌握财富，其中大部分来自家族财产的继承。他们对生活的品位要求极其苛刻，品牌消费的意识普遍深入心中。当收入差距进一步拉大时，更多的挥霍将会伴生。德勤公司的高级经济学家卡尔·斯特曼（Carl Steidtmann）认为，2009～2018年收益最多的是手工艺人以及小型贸易经营者们，因为美国人逐渐开始对那些珍奇、限量产品表现出异乎寻常的热情。根据凯捷咨询公司的调查显示，2021年奢侈品价格上涨幅度达到了7%，是全美国通货膨胀率的两倍多。全球百万富翁手中的财富总共达到了28.8万亿美元，较2001年的26万亿美元上升了11%。这一数字比美国、日本、德国、法国和英国一年国内生产总值的总和还要高。那些财富数量位居前列者最近看起来状况尤其良好。北美洲金融资产超过3000万美元的个人手中掌控的财富（包括股票和债券等，不包括房地

图 1-8　罗迪欧大道（Rodeo Drive）

产）总和从2002年的2.1万亿美元上升到2003年的3.04万亿美元，增幅达45%。
2010~2020年股市总体的上涨，高层薪金增加以及对富有者税收的降低都是富豪
人群财富增加的原因。

　　由于东西方顾客所处的文化背景不同，其奢侈品消费动机也不同。美国的
中产阶层最缺少安全感，生活也最为焦虑。在这样的心态中生活，首要的事情
就是必须得到他人的承认，要在他人眼里看起来生活得既得体又安全，这也即
所说的社会身份认同。因此，他们的喜好需要在衣食住行和话语上体现出来。
但是，从本质上说，他们中的大多数人都是从更低的社会阶层奋斗上来的，所
以不可避免地缺少富人阶层才会有的高级生活品位，因而在生活里追求的恰好
是那些缺乏个性的、标准的、可以明确指示身份的物品。在今天的社会里，社
会等级已经由更多的文化标准来确立，而不是简单地以有产和无产、剥削和被
剥削、压迫与被压迫等标准来划分。人们可以通过提高自己的社会品位来提高
社会地位。另外，仅仅有钱并不能提高一个人的社会地位，还必须提高文化品
位与生活格调。没有品位的人永远不能改变自己最初所属的社会阶层。

　　由于产业的整合，百万富翁比以往的富豪们更呈现年轻化趋势，而且更可

能在彰显生活品位的商品上不惜重金，以将自己与一般富裕者区别开来。纽约大学（New York University）研究财富的经济学教授爱德华·沃尔夫（Edward Wolff），将当今时代的豪华奢侈品顾客比作法国路易十四时代的贵族。为了确保贵族的忠诚，路易十四不断提高对宫廷贵族们的要求，贵族们穿着的服装越来越昂贵，府邸也要越来越大。这些贵族对更多财富的需求使得他们更依赖于国王的宠幸，这也使他们扩充军备的钱所剩无几。

与美国的热情相反的是，欧洲奢侈品消费呈现下降趋势。1993年，两个欧洲人中就至少有一个拥有至少一件奢侈品，但是在二十个欧洲人中，只有一个人拥有五件或以上的奢侈品。并且，每一个欧洲人在过去的两年中，获得了国际著名奢侈品品牌三十个清单中的两个不同的品牌。各类奢侈品牌，曾经一度在西方国家受到人们的狂热追捧：人们追随拿破仑皇后对路易·威登皮包的宠爱，以使用克里斯汀·迪奥（Christian Dior）复古面料的服饰为荣，模仿杰奎琳·肯尼迪（Jacqueline Kennedy）粉红色的香奈尔（Chanel）套装等。然而进入21世纪后，欧洲国家对奢侈品的消费开始"退烧"。有统计显示，尽管世界前十位的奢侈品牌均产自欧洲，但欧洲各国在全球奢侈品消费中所占的份额仅有16%。

1.2.2　日本奢侈品消费现状及趋势

日本顾客对奢侈品的消费呈现持续增长的态势，并且对于世界各地的顶级富豪，奢侈品的领域正在不断地扩大，价格也逐步变得更加高昂。在日本这个日益富裕的国家，奢侈品消费正向更高一层迈进，已占到全球市场份额的40%~45%，日本以40%以上的市场份额成为世界上最大的奢侈品消费市场。新崛起的日本金字塔尖人群正呈现更具个性化的消费需求。《明日新闻》（*Mc Clatchy News Service*）指出，奢侈品充斥在日本的大街小巷，从围巾、镶嵌宝石的手表到香水以及优质意大利、法国手袋。日本奢侈品种类之繁多，世界任何地方都难以匹敌。主要奢侈品零售商也正在迎合新兴金字塔尖人群的炫耀性消费需求，并将商店打造成更富异域风情的购物场所。位于日本时尚街区银座（Ginza）的古驰旗舰店、香奈儿精品店已经添设了餐厅、小型酒吧，并聘请高级厨师。其他商家也增设了鸡尾酒休息室。如今高端品牌都在提供高级奢侈品，不过仅在隔绝众人的贵宾室或会员俱乐部中销售。海瑞·温斯顿（Harry

Winston）市场总监松本香织认为，日本顾客想要一些非常奢侈的产品。他们希望自己被视为社会名流，这将是日本奢侈品消费的下一个阶段。在日本，贵宾俱乐部会所场所面积更大，而且隐蔽性更好，很少有人知道它的存在。这些VIP贵宾室常展示一些顶级奢侈品。调查显示，在东京的20岁女孩中，92%拥有路易·威登，92%拥有古驰，58%拥有普拉达，52%拥有香奈儿，44%拥有克里斯汀·迪奥。日本人同时非常崇尚精良的手工艺。诸多奢侈品品牌在日本

图1-9　东京银座路易·威登

成功销售，这和日本人认同和尊重手工制品的价值有关。新冠肺炎疫情带来的经济衰退并未影响到奢侈品的固定消费人群（图1-9）。

1.2.3　中国奢侈品消费现状及趋势

中国经济持续保持稳定快速增长，宏观经济发展形势良好，1997~2007年以来，中国经济每年增长率都超过7%，2017~2021年的GDP增长率都超过10%，2007年的GDP年度累计超过24万亿元人民币，储蓄存款余额达到了17.9万亿元人民币，储蓄存款余额持续保持两位数以上的增长，表明储蓄存款有很大幅度的增长，老百姓拥有的财富增长迅速。中国奢侈品顾客的动机更多的是社会因素，比如避免相似性，而不是功能因素。

据中国品牌战略协会估计，中国大陆的奢侈品消费人群约1.6亿人。有的学者估计，截至2020年底中国私人财产超过千万元的人数有30万；中国目前银行的个人储蓄余额约20万亿元人民币，这20万亿元人民币的80%为20%家庭所拥有，这些家庭都具有享受奢侈品的能力。中国的奢侈品市场潜力巨大，占全球销售总额比重不算大，但上升幅度却是全球之最。2015年前，中国的奢侈品消费在全球市场中仅仅占有1个百分点的份额。2015年安永会计公司研究报告显示，中国奢侈品顾客估计有1000万～1300万人，消费奢侈品以20亿美

元计算，人均消费折合人民币1200～1600元。奢侈品消费人群中，也有常年消费和偶尔消费之分，偶尔消费，如结婚购买纪念钻戒、生日送世界名表等情况。高盛公司的研究报告显示：中国的奢侈品时代已经来临，预计到2025年，中国将超过美国和日本，成为全球奢侈品市场的最大买家。奢侈品消费，作为一个时代的来临，不是在一年两年中完成的，而是一个十年甚至二十年的时间段。从这样一个时间段来看，中国市场对于奢侈品的需求存在着一个巨量的空间（图1-10）。

中国之所以正在成为全球最大的奢侈品消费市场，是因为经济发展使中国的市场成为新兴的、充满活力的市场。

根据阿里巴巴集团统计的2020年天猫奢侈品顾客样本数据显示，在整个天猫奢侈品用户中，"90后"消费人群已经占比将近一半，他们的奢侈品消费额占比高达45%。可见，"80后""90后"等新一代消费群体已经代替"60后""70后"成为奢侈品消费的主体。贝恩公司发布的《2021年中国奢侈品市场报告》指出，到2025年，中国市场有望成为全球最大的奢侈品市场。

图1-10 中国奢侈品高端定制秀

1.3

奢侈品消费场景

1.3.1　免税奢侈品店

旅游零售业，指通过不同形式，满足国内外游客旅行途中购物消费需求的零售服务行业。旅游零售市场受到游客量、旅游线路、出入境口岸、交通工具与方式和旅游景点数量等因素影响。

2018～2019年，中国内地旅游零售市场大约接待了24亿人次的国际游客；未来十年内，仅免税店这一细分市场，该业务预估可达到1000亿美元营收，其中香水和化妆品的美妆区块，大约占据旅游零售总额的30%以上。在免税旅游的大背景下，市场更加细分化，免税奢侈品店作为新兴的零售业态应运而生。贝恩公司认为，未来中国奢侈品市场将集中在海南离岛免税购物、中国的数字化发展以及境外消费的回流趋势三个方面。免税奢侈品店作为零售的重要组成部分，是市场经济不断发展、商品流通体系一步步完善、顾客品牌消费意识逐渐增强之后，零售业态下的产物（图1-11）。

此外，中国顾客已经成为全球旅游零售领域最重要的消费群体，支撑了欧洲本土奢侈品市场的主要份额。据英国《金融时报》（*Financial Times*）发布的数据显示，中国游客在英国每年消费约3亿英镑，约合27.8亿元人民币。根据调查，以伦敦海肯（Hackeny）地区的奢侈品精品店为例，工作日约有四分之三的消费来自中国游客（图1-12）。

免税奢侈品店这种商业零售业态在国外已有超过百年历史，在漫长的发展过程中，它然成为欧美国家最流行的商业零售业态之一。品牌产品的高质量保证和低廉优惠的价格，使免税奢侈品精品店日渐成为欧、美、日等地区品牌服装服饰销售的重要方式，且在零售销售额中的比重也不断提高。免税奢侈品店大多由品牌方直接进驻，质量有保障。店铺以全方位的售后吸引顾客；奢华的购物环境，在装修上依旧保持奢侈品的格调。2019年美国威斯康星州旅游顾客在奢侈品精品店购物消费总计1.7亿美元，占整个旅游支出的31%，超过交通

图 1-11　三亚国际免税城

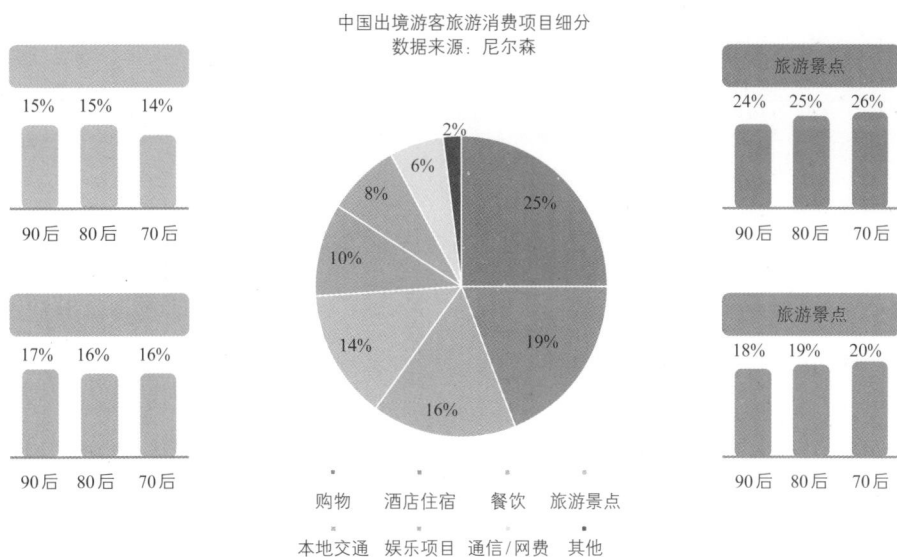

中国出境游客旅游消费项目细分
数据来源：尼尔森

旅游景点

图 1-12　中国出境游客消费分析

以及住宿的整个体量。旅游购物作为旅途中一种极具吸引力的项目，对目的地经济具有显著的贡献，出现了许多专门服务于奢侈品精品店的延伸出的酒店、餐厅、娱乐场所，它的消费额占许多欧美国家零售总额接近五分之一。它的模式受其特殊形态的影响较大，专业化、服务要素是其管理环节中非常重要的元素。世界各地旅游零售奢侈品精品店表现抢眼，占地面积广大、折扣力度高，成为无数入驻品牌销售额增长的重要驱动力。

巴黎欧莱雅（Paris L'OREAL）品牌2018年前9个月的财报显示，免税奢侈品店销售额增长率达到29.9%，遥遥领先于整体销售额6.8%的增长率。资生堂（Shiseido）品牌公布的2018上半年财报显示，旅游零售部门同期收入达4.15亿美元（约28.5亿人民币），同类销售净收入增长率为47%，同期整体销售增长率为17%，旅游零售增长速度是整体销售收入增长速度的2倍多。这受益于奢侈品精品店、机场免税店业务的崛起。

2008～2017年，全球免税销售业销售额呈现逐年快速上涨的趋势，其中亚太区占全球免税销售的比重不断上升（图1-13），作为旅游消费中的重要一环，亚太区开发"免税奢侈品店"这种商业形态前景远大。

购物不再是旅游的附带活动，已经成为与住宿、游览同等重要的旅行项目。游客在选择目的地时，越来越在乎能否购买到称心如意的、抑或是与众不同的商品。目的地的零售业态的发展，一定程度营销消费心理。而商品质

图1-13　全球免税业务趋势

量、价格能否符合要求也很重要。评价旅游活动时，购物因素的比重正在不断增强。衡量一个地区、一个国家能否成为优质目的地的重要依据，就是旅游收入中购物及娱乐收入占整体体量的比重。旅游目的地提供富有竞争力和当地特色的奢侈品，以此满足游客的购物体验。这种方式已经逐渐成为许多旅游目的地的重要吸引力来源。这对于提升旅游目的地的公众形象和经济效益有着一定意义。

旅游零售业最典型的发展趋势在于，世界的各个地区为提高本区域内旅游业的消费收入，纷纷以旅游零售作为噱头。尤其是奢侈品老牌聚集地欧美、日韩等发达国家，他们都将旅游零售业作为当地旅游的重要优势。

1.3.2 奥特莱斯

1.3.2.1 欧美奥特莱斯

在奢侈品零售产品销售领域，厂家会遇到这样一个问题，由于某些生产中的失误，有时会出现一些不达标的产品。这些产品成本不菲，可能只是一个细小的失误，无法提供给顾客奢侈品品牌理应提供的尊贵体验。它们被业内称为Factory Damaged（简称 FD），即"厂家损耗"。业内的通常做法是将这些产品卖给低消费能力的人群。1992 年，百货零售公司奢侈品买手弗里达（Frieda），以自己的名字成立了第一家折扣产品零售店。她把断码和过季产品以比正常零售价低 30%～65% 的价格出售。她的生意蓬勃兴起，此后在整个美国开设了 68 家连锁商店。与传统商业模式不同，奥特莱斯最初倾向于"断码促销""打折促销"等方法。打折品只是它的噱头，它仍靠传统零售业运行，不是真正意义上的奥特莱斯。1998 年，阿尔福德（Alford）在缅因州思科海根镇的制鞋厂的仓库内，筹建了一家奥特莱斯店，被认为是首个奥特莱斯店。奥特莱斯经营模式出现的时候，厂家能够提供的产品供不应求，店中便推出"存货目录"，这个目录提供了那些在批发市场未能卖出去的正品，也就是即将成为奢侈品库存货的产品。这一方法效果明显，奥特莱斯迅速布满了新英格兰地区所有主要公路的沿线。

经过历史的演变，时至今日奥特莱斯在规模上和经营模式上已经是"品牌直营购物中心"。无数品牌入驻，让这里成为他们库存的倾销地，逐渐成为完善单独的业态。20 世纪 70 至 80 年代是奥特莱斯持续高速发展的时期，店铺以连锁店方式签约，以国外奢侈品为主力卖品。随着行业制造利润一步步减少，奥特莱斯再一次产生了变化。制造商们为了维持、寻求高利润，从而促使工厂直营店出现。

大量的创作精力投入工厂直营店，会使奢侈品本身的价值产生波动。这时品牌商和厂家开始寻求进一步的方法缓解这个矛盾，促使奥特莱斯再一次演变，也就是现存的以管道零售商为主、与大型商业综合体结合的高度计划性的零售业态。它脱离了传统终端销售，形成了富有竞争力的规模化的奥特莱斯聚群。它更加成熟，运用现代商业管理手段，让商场开发商、奥特莱斯管理者、品牌零售商三方受益。

21世纪以来，已成规模的奥特莱斯大部分前期是由房地产开发商负责奥特莱斯场地区域的开发。开发商组建专业的奥特莱斯管理层，随后面对奢侈品公开招商，定向发展。确定了规模和入驻商户之后，开发商、运营商相互紧密配合，发挥着各自的显著优势，规划、定位、营销，逐渐形成独特的奥特莱斯文化与模式（表1-2）。

表1-2　奥特莱斯不同经营模式对比

模式	说明
联营模式	类似于百货的合作，通过联营合同的方式，统一收银，按一定的比例进行提成分成，扣除必要费用后，余款按期返还厂商。这种模式的优势在于，减少彼此的成本压力，风险共担。劣势是奥特莱斯管理层运营成本较高
租赁模式	这种模式，与购物中心操作模式十分类似，庄园式奥特莱斯（店铺分散较大，不同店铺引流效果差异较大）比较普遍。其优势在于运营压力较小；劣势在于投资回收期比较长，对厂商的管理控制约束力不强
自营模式	属于辅助性质的模式。开业招商初期与奢侈品合作，以此吸引中高档品牌的入驻。有时也会自行代理一些品牌。优势是拥有定价权利，自主性较高。劣势是对于买手行业整体素质要求较高，需要拥有成熟的商业管理方案。这是欧美较多的奥特莱斯的首选模式
托管模式	这种方式并不常见，完全地委托奥特莱斯商场管理，涵盖了人员、货品、定价、促销等，厂商只负责提供货品，对品牌的控制权利极低。脱离了品牌的控制，这种模式的奥特莱斯存在一定的发展隐患

1.3.2.2 中国奥特莱斯

奥特莱斯作为一种独立的零售业态已在中国发展了十余年。奥特莱斯这一业态最初就是完全从西方引进而来，在我国也经历了水土不服、全盘否定，而后被理性对待的过程。如今，奥特莱斯逐渐被顾客所熟知，正改变着城市商业结构。国内奥特莱斯以销售国际名品下架、过季及断码商品为主，折扣为正价商品的一至六折，由此与正价销售当季新款为主的百货形成错位竞争。

零售新业态奥特莱斯作为传统零售业二线销售管道出现，是中国市场流通体系不断完善的标志。我国零售业市场的竞争日趋激烈，传统百货积极寻找市场发展的突破口和利润的增长点，奥特莱斯也就在这一竞争环境下应运而生，发展形势也变得越来越好。奥特莱斯在国内的模式主要分为"仓储式"和"花园式"两类。

随着经济的发展，奥特莱斯等商业体不断增加，国内奥特莱斯的特征表现在这几个方面：

第一，具有占地面积大、绿地面积大、停车场容量大、建筑群具有一定规模等特点，一般来说，普遍营业面积在10万平方米以上。

第二，店铺多、行业全、功能多，集购物、餐饮、娱乐、文化、服务于一体。

第三，与周围景区结合密切，距离市区一般一小时内车程，适合旅行团进行关联线路规划。

国内品牌制造商在奥特莱斯处理过季产品，与此同时，采用在线直销来加速销售，能够加快资金的回收。许多品牌消费者想以一个便宜的价格买到品牌产品，故而奥特莱斯有着强大的生命力。这也是奥特莱斯的国外模式受到顾客追捧的原因。奥特莱斯的发展与旅游零售业的发展关系密切。这样的论点无论是在发达国家，还是在发展中国家，都通过品牌效应得以证实。

在中国，越来越多的一线奢侈品加入奥特莱斯的行列中，而越来越多的城市开发出了以景区和奥特莱斯联动的模式，进一步丰富旅游零售业，提高旅游辐射人群的分类管理，提升景区竞争力。现代奥特莱斯的成功，很大程度上立足于成本控制。奥特莱斯很受各类消费人群、管理者、品牌授权方、品牌代理方的欢迎，它的成功主要包括以下几点：

第一，奥特莱斯对中间环节严格控制，价格比其他零售业态低。延续品牌效应的同时，能够吸引对价格比较敏感的顾客，它满足了部分经济实力不足，却有奢侈品社会需求，即炫耀心理的顾客对奢侈品的购物需求。

第二，采用综合销售系统，给顾客提供全面的零售服务。奥特莱斯购物中心提供配套的服务设计和便捷的交通，往往与景区相连，距离市区适当的车程，都使其成为旅游购物休闲的理想场所。许多旅行团都把奥特莱斯购物写入旅行行程计划中，以增加旅行的吸引力。

第三，奥特莱斯经营的产品均为奢侈品。现在也出现了专供奥特莱斯的商品，这种商品大部分是下架、过季、断码的全新商品，精品店下架后，转到奥特莱斯销售。

第四，远离市区，以大型购物中心的形式，群聚规模发展。发展班车交通，靠近优美的景区。奥特莱斯极力提供一种与休闲娱乐紧密相连的购物环境，面积一般很大。

1.3.2.3 典型奥特莱斯案例

下面以三家奥特莱斯（表1-3）为例，分析不同奥特莱斯在不同国家的特点。

表1-3 典型奥特莱斯情况

名称	美国伍德伯里 （Woodbury Common Premium Outlets）	日本御殿场 （Premium Outlets）	英国比斯特购物村 （Bicester Village）
区域	距离纽约市区物理距离近，在纽约以北中央山谷区域，十分便捷	位于世界知名景点富士山景区内、与东京市中心相距90分钟车程	与伦敦市区相距1小时车程
规模	8.2万 m²营业面积，品牌店超过220家	营业面积8.5万 m²，210余家知名品牌	约有100个品牌专卖店
时间	1985年	2000年7月	1995年4月
项目定位	购物、逛街、餐饮、游乐、休憩等多种商业业态共同发展，是世界上最大的品牌直销中心	集购物、旅游、餐饮、精品酒店等多种商业业态于一体，不折不扣的旅游度假小镇	购物、旅游、休闲、餐饮等多种商业的乡村式度假小镇
产品类型	世界一线品牌为主，少量的世界二线品牌以及美国国内著名品牌，餐饮、休闲、娱乐、酒店是热门预订品类	奢侈品、精品时装生活用品、童装、皮包及皮革制品、项链宝石及手表、饮食等详细细分类别	服饰、珠宝、家居、餐饮

续表

名称	美国伍德伯里 （Woodbury Common Premium Outlets）	日本御殿场 （Premium Outlets）	英国比斯特购物村 （Bicester Village）
折扣	2～6折	1～6折	4～6折
建筑风格	花园式建筑	欧式建筑	英国乡村建筑

（1）美国伍德伯里：它是美国东部最大的旅游户外购物商场。从伍德伯里开车一个小时便可以到达麦迪逊公园。伍德伯里奥特莱斯是美国东部最大的折扣式品牌购物商场，共有超过200家的店铺进驻，是美国著名的购物旅行胜地之一。作为美东第一大品牌折扣大卖场，伍德伯里奥特莱斯是购物的大花园，有很多低至两折的奢侈品低折扣店（图1-14）。

（2）日本御殿场：距东京市中心90分钟车程，是日本最大的特殊购物商场。除了号称全日本最大之外，最出名的就是能边购物边观赏富士山美景。这里是富士山的全景购物中心，有超过210家商店销售国内外知名品牌。在这里，顾客可以体验日本的原始风景和享受购物的乐趣（图1-15）。

图1-14 美国伍德伯里

图 1-15　日本御殿场

（3）英国比斯特购物村：位于比斯特镇英国牛津附近。它每年吸引了大量时尚奢侈品的追求者来这里观光和购物。比斯特购物村的打折形式吸引了很多消费者，而且很多商品都来自世界顶级大牌，如普拉达、古驰、杜嘉班纳（Dolce & Gabbana），以及数以百计的世界知名品牌（图1-16）。

罗欣在其著作《商业价值新支点》中指出，英国比斯特购物村能够成为业界首屈一指的店铺，源于它对市场敏锐的观察和把握。在发达国家和地区，零售消费在旅游总消费中占的比重逐渐下降。随着电子商务和快递行业的迅速发展，旅客可以足不出户买到许多商品。

1.3.3　数字商城

随着数字化时代的到来，奢侈品牌纷纷开拓线上销售渠道，以此增加品牌知名度与销量。电商渠道在全球奢侈品行业正在迅速蔓延。麦肯锡预测，到2025年，线上奢侈品销售额将达到820亿美元，其占整个奢侈品销售总额的比例也将增加到18%，而2021年这个比例也只有8%。贝恩公司则给出了更大胆的预测，认为到2025年，线上销售比例将会是25%。随着数字化时代的到来及

图 1-16　英国比斯特购物村

中国千禧一代（Millennials，1981~1996年出生）顾客的崛起，千禧一代对网络的依恋似乎为奢侈品牌的线上销售提供了契机，然而奢侈品是否要与电商结合，却依旧是学术界和企业界争论不休的话题。大众化的网络平台与排他性的奢侈品似乎存在先天性的矛盾。

　　根据供求关系理论，奢侈品的供给与需求之间存在对立统一的辩证关系，高昂价格的保持、限制性的供给与高水平渴望及需求同时存在，即"奢侈品被大众所向往，而仅能为少数人所拥有"，而线上渠道的建设无疑为奢侈品牌增加了知名度和产品需求，进而提高了顾客的购买意愿。中国受益于电商大环境的快速发展，奢侈品线上渠道的发展同样迅速，在销售额上仅次于美国。随着奢侈品品牌全渠道建设的加速和奢侈品消费趋势的改变，线上奢侈品的渗透率将逐渐加深。从销售渠道来看，传统销售渠道仍然是主流，但份额在不断下降。其中以颇特女士（Net A Porter）、发发奇（FARFETCH）、火柴网（Matches fashion.com）、操作时尚（Moda Operandi）以及寺库（Secoo）为代表的纯奢侈品电商尤为活跃（图1-17）。虽然中国的电商平台都竭尽全力地拉拢奢侈品牌进驻，但是屡禁不止的假货问题仍然是品牌望而却步的主要因素。

　　截至2020年，国内奢侈品线上渠道的销售额占比较小，但其快速增长的趋

Louis Vuitton
Lodky BB
￡1210

Louis Vuitton
Pochette Mylockme Chain
￡1070

Louis Vuitton
LV Riverside
￡1750

图 1-17　奢侈品线上商城界面

势不容忽视。受到顾客习惯转变和奢侈品品牌全渠道建设的影响，未来线上渠道占比将继续增长。中国市场的奢侈品顾客正呈现出越来越年轻化的趋势，据前瞻产业研究院数据显示，中国奢品顾客的平均年龄已经从35岁下滑到25岁，这一变化必然会影响奢侈品市场参与者的策略。

　　预期在2020~2030年，奢侈品消费客群的年轻化趋势将进一步深入。虽然线下渠道仍旧是中国奢侈品的主要销售渠道，但是随着零售行业数字化水平的不断提升，奢侈品电子商务也呈现出稳步发展的趋势。中国独特的数字化环境正使越来越多的奢侈品品牌开始意识到在中国发展数字化渠道的重要性。年轻顾客正在重塑时尚话语权，奢侈品本身的品牌、价格、消费和使用场景均在发生变化，而"直播"也成为奢侈品绕不开的渠道。

02

奢侈品营销

2.1

奢侈品营销理论

营销学中大多将产品划分为有形产品与无形服务、消费用品与产业用品、一般消费品与耐用消费品等，而没有专门针对一般必需品与奢侈品的区分。科特勒（Kotler）指出产品是能够提供给市场以满足需要和欲望的任何东西。产品在市场上包括实体商品、服务、体验、事件、人物、地点、财产、组织、信息和创意。

科特勒进一步指出，在计划市场供应品时，需要考虑产品的五个层次，每个层次都增加了更多的顾客价值，从而构成了顾客价值层级。第一层次也是最基本的层级是核心利益，即顾客真正购买的基本服务或利益；第二个层次是将核心利益转化为基础产品，即产品的基本形式；第三个层次是期望产品，即购买者购买产品时通常希望和默认的一组属性和条件；第四个层次是附加产品，即包括增加的服务和利益；第五个层次是潜在产品，即该产品最终可能会实现的全部附加部分和将来会转换的部分。

从营销学视角分析，奢侈品与必需品的最大区别在于必需品更多的是用来满足顾客的第一层次和第二层次的需要，而奢侈品更多是为了满足顾客第三层次、第四层次和第五层次的需要。所罗门（Solomon）指出崇拜式产品（Cult Product）可以获得顾客强烈的热爱、忠诚，甚至可能是高度介入品牌的顾客崇拜。这些产品多种多样，并且所罗门所指只有用崇拜式产品这一理由才能够解释很多女性用3400美元的价格买一双莫罗·伯拉尼克（Manolo Blahnik）设计的鞋，这里的崇拜式产品的概念与奢侈品有某些共通之处。

奢侈消费是人的全部消费的组成部分。消费资料包括三种：生存资料，享受资料与发展资料。这些都属于生活资料的范畴。当然，在不同的历史时代，它们的内容、水平、构成等是有巨大差别的。生存资料是维持物种的繁衍和简单劳动力再生产的生活必需品；享受资料是用于提高、丰富和变革人的物质生活和精神生活的较高级的消费资料，包括高消费或奢侈品消费；发展资料是用于满足人的自由全面发展的消费资料。

传统观点中奢侈品具有九个特征：第一，一贯传递极高的质量，包括产品线上所有的产品，从最昂贵的到最便宜的；第二，手工制作传统，通常来源于最初的设计者公认的风格或设计；第三，每种产品都是限量生产，以保证独有性，还可能就此产生顾客等待名单；第四，有一套市场营销程序作为支持手段；第五，通过有限的渠道、溢价定价策略以及市场定位把情感诉求与产品声誉结合起来；第六，全球范围的声誉；第七，与原产国形象联系到一起，特别是有着相关产品类别卓越来源的良好的声誉的原产国形象；第八，每样产品都有唯一性要素，当产品类别属于时尚密集型的时候具有实时设计能力；第九，体现品牌创建者的个性和价值标准。

奢侈品一般分为三种：第一种，知名度有限，这类奢侈品往往以家族企业的形式，专注于某一狭隘市场。它的产品通常是手工制作并只能在一至两家店中买到；第二种，众所周知的产品，如劳斯莱斯（Rolls-Royce），具有其他品牌难以进入的市场，高价而且无法复制；第三种，众所周知的产品，而且其附属品为广大顾客所消费得起的。

顾客眼中的奢侈品牌具有以下六个特征：第一，卓越的品质；第二，超高的价格；第三，稀缺性和独特性；第四，美学和感官刺激；第五，传承性和个人历史；第六，非必要性。

总的来说，奢侈品大多具备"身份和地位的象征、距离感、地域性、符号标记、购买群体的固定、悠久的历史和文化、显而易见的'好'、前瞻性、专一性、个性化、先进技术的集合、超凡细腻的手工"等特征。

尽管有少量学者对顾客奢侈品的消费收入弹性做过探讨，指出顾客在收入增加的情况下，奢侈品提供的效用有可能会增加，消费的可能性进一步加大，这些对奢侈品消费所做的数理推导和模型图表等方面的经济学角度的解释，忽略了文化背景差异、个体观念差异、人们的情感等因素，是不全面的。从社会视角、文化视角、顾客心理视角来研究奢侈品消费或许比单纯的经济学视角来理解奢侈品消费更为复杂得多，但肯定是更为接近真实状况的。所以学者们认为有必要对商品进行分类研究，各个学者根据不同的分类标准展开了关于商品营销及顾客或购买者行为的研究。在这些关于产品的分类中，大多根据产品的类别、流通的渠道、产品购买对象的差异等各种标准来进行划分，形成了诸如对"有形产品和无形服务""直销与分销""现场购买与网络购物""耐用品与快消品""产业组织购买者与个体购买者"等方面的各种研究成果，但无论现有的研究成果怎样划分，似乎都无法帮助我们全面深刻地理解奢侈商品，做好奢侈商品的市场营销和洞察顾客的行为，所以我们必须单独对奢侈品的相关问题进行探讨，以更准确和深刻地理解顾客的奢侈品消费行为，这样才有助于完善经典市场营销以及顾客行为领域的理论体系，并且有助于为奢侈品生产销售企业提供理论指导和借鉴意义。

2.2

奢侈品营销手段

符号学理论的提出者，俄国著名符号学家洛特曼·巴赫金（Lotman Bakhtin）认为"任何一个物体都可以作为某个东西的形象被接受，比如，作为这一单个事物的一种自然的稳定物和必然性的体现。这一物体此时的艺术象征就已是一个意识形态的产品"。这一物体已不再是物质现实的一部分，它反映和折射着另外一个现实。在这个情况下，物体被转换成符号了。消费品也是意识形态的符号，产品的品牌起到符号的作用。随着社会的进步，奢侈品传播开始采用营销手段，传统的营销手段都是单方面强制性地将营销信息传达给受众。铺天盖地的广告旨在说服潜在受众，公关立足于宣传，对受众进行信息强制性灌输，促销从当下的利益出发，满足简单而短暂的营销传播。这些都不能与受众进行互动交流，从而建立稳固的顾客关系和品牌忠诚度。

有学者认为虚荣心是"一个人追求一种表面上的荣耀、光彩的心理"。虚荣是因为太看重外界的荣誉和赞美而引起的一种心理，可以说虚荣心是个体为满足表面上的自尊而产生的一种心理，是人追求自尊的一种表现，并进一步指出虚荣是人们为了维护自尊而产生的。奢侈品正是在这方面满足了人们的心理需求。

奢侈品传播是一种企业战略管理过程，它体现了营销的核心。西方奢侈品在中国大量销售，很容易使人们想到中国人的消费动机和心理似乎和西方的炫耀性消费和物质主义一样。但是文化差异对商业的各方面，如营销管理、决策制定等，有很重要的影响，需用不同文化角度来解释营销操作。中国文化由儒学和关系学指引，而西方社会中个人主义更占主导地位。同样的产品在不同的社会可能有着不同的社会职能。企业直接或间接地将这些信息附加在品牌的内涵上传播给顾客，可以实现品牌与顾客的有效沟通。表2-1对奢侈品传播尤其是营销手段的传播做了归类。

表2-1 营销手段传播的前因变量与后果效应

作者	研究对象	前因变量与后果效应
丹（Dan）	奢侈品品牌	采用大众化营销策略将能为奢侈品品牌吸引更多的顾客
科普菲尔（Kapferer）	奢侈品品牌	不可比拟的建构有利于奢侈品品牌的传播
鲁克斯·弗洛奇（Roux Floch）	奢侈品品牌	线上网站要达到线下门店一样的奢侈感和良好体验才能使奢侈品品牌在线上有所建树
维格内隆（Vigneron）、约翰逊（Johnson）	奢侈品品牌	展示价值、风格价值、社会价值、情绪价值、品质价值显著影响顾客的感知价值
卡罗尔（Carroll）	时尚品牌	名人效应有助于时尚品牌的推广
巴斯蒂安（Bastien）	奢侈品品牌	奢侈品行业的传播策略是为了创造梦想，并为品牌价值充电
拉姆钱达尼（Ramchandani）、科斯特（Coste）	发展中国家奢侈品市场	当奢侈品牌进入中国这样巨大的多元文化经济体时，可以更加积极主动，更加有文化意识使得原本的炫耀性消费向品牌忠诚度转变
沃尔尼（Wolny）、穆勒（Mueller）	时尚品牌的电子口碑	高品牌承诺和时尚参与激励人们参与谈论和与时尚品牌互动，并且那些被产品参与激励或有高度社会互动需求的人比那些不受这些因素激励的人更频繁地参与与时尚品牌相关的电子口碑推广
坎塔瓦尼奇（Kanthavanich）	奢侈品品牌	社交媒体，尤其是网络论坛，在当代奢侈时尚品牌塑造中扮演着重要的角色

续表

作者	研究对象	前因变量与后果效应
希思（Heath）	奢侈品传播	广告和其他形式的奢侈品传播心理加工方式，意味着顾客建立起强大而简单的品牌联想，从而能够直观地影响他们的品牌决策
卡雄（Cachon）	服装系统	设计与快速反应的结合可以最大程度降低产品与市场的偏差
特劳特（Trout）	奢侈品品牌	从外向内的传播方向更有利于奢侈品的营销
珀科夫斯基（Perkowski）	品牌营销体系和方法	项目制造商的品牌形象可以积极影响产品需求，使零售商、制造商及其营销和促销代理能够在实体和电子零售购物环境中向顾客推销消费产品，以积极影响（即减少）库存中此类产品的供应，促进销售和利润
弗里曼（Freeman）、查普曼（Chapman）	烟草品牌	开源营销有潜力利用广告禁令的漏洞和延伸法律定义，以产生对烟草产品的正面口碑
索克（Sok）、卡斯（Cass）	服务品牌	服务品牌营销能力增强了公司服务品牌价值提供和客户使用中的服务品牌感知价值之间的积极关系

　　传统的关于品牌的分类中，大多根据品牌的类别、流通的渠道、品牌购买对象的差异等各种标准来划分，形成了诸如对"有形品牌和无形服务""直销与分销""现场购买与网络购物""耐用品与快消品""产业组织购买者与个体购买者"等方面的各种研究成果，很少有学者从顾客心理角度来进行品牌划分。虽然经济学领域从品牌的消费收入弹性角度入手，谈到了一般商品与劣等商品的顾客收入需求曲线的差异，但真正专门针对奢侈商品的研究非常罕见。即使某些经济学领域的研究对奢侈品做了数理、模型和图表等方面的经济学解释，但我们不难发现，忽略个体差异、个体情感与文化背景对奢侈品的营销手段行为进行理解和研究是存在很多缺陷的。

从一定程度上说，奢侈品是一种生活方式的符号性消费，奢侈品牌必须营造出足够的社会认同气氛，才能使顾客认可它所代表的价值。使城市生活行为高度消费化和生产化，并高度互动，使都市具有现代经济文明意味。不管你喜欢不喜欢这种标准，不管你承认不承认这样的事实，有品位有生活格调立刻能够使人们对你刮目相看，使你获得更多的尊重和欣赏，因而提高了你的社会地位。金钱固然重要，但是只有金钱并不能使你获得普遍的认可、尊重和赏识。你怎样花你的钱，用它带来什么样的消费，这些消费使你呈现出什么特征，则成为更加要紧的问题。融入圈子、具有意见领袖作用等各种期望的社会身份认同的追求通过奢侈品消费这一简单的形式得以实现，这也是奢侈品营销中非常重要的一种气氛营造手段。

2.3

奢侈品体验营销

2.3.1 体验营销的定义

体验理论的发展，带来了体验式经济在相关领域的应用，从而带动了体验营销在奢侈品营销领域的独特地位。

体验，是通过参与或接触事件或主题，所获得的可供回忆的个性化感受。体验分四种，分别是娱乐、教育、逃避和审美。体验有着吸收、沉浸的区别。施密特（Schmitt）出版的《体验营销》一书，进一步明确了体验营销的定义，即一种为体验所驱动的营销和管理模式。体验对于品牌来说十分重要，它是购买行为中的预测因素。相较于个性、接触，这些品牌的维度而言，体验更有效，更可以衡量顾客的感知价值。体验营销本质上是零售商通过调动各种要素来影响顾客的情感，进而影响顾客的决策行为。体验经济时代已来临，随着消费形态日益发生改变，经济已从农业经济、工业经济、服务经济，开始逐渐地转变为以体验式经济为主导的经济模式。在体验经济中，品牌体验是各接触点客户感知的总和，品牌接触点指的是客户与品牌进行互动的任何客户触点（图2-1）。

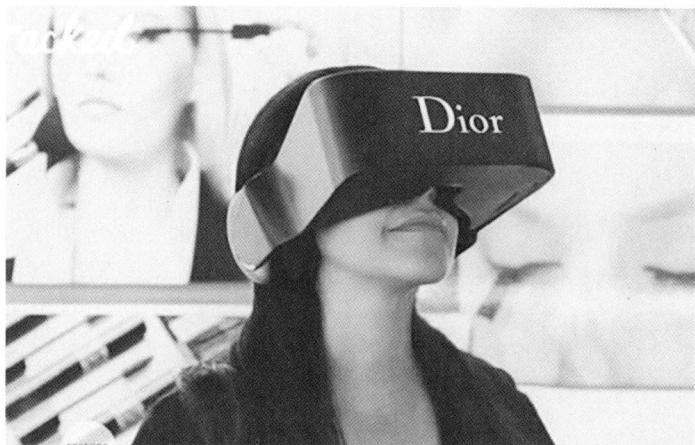

图 2-1　奢侈品 VR 看秀

经济价值的演变过程可分为四个阶段——产品、商品、服务和体验。体验经济的存在，为人们享受娱乐服务提供了更多的条件，而奢侈品内的经济环境为体验经济的到来提供了良好的条件。针对体验营销，国内外学者有不同的理解（表2-2）。

表2-2　体验营销定义汇总表

作者	定义
施密特（Schmitt）	体验营销是一种通过顾客的感觉、情感、思维、行为和关系五个方面与顾客建立有价值的客户关系的营销方法
厄克哈特（Urquhart）	体验营销是一种面对面的交流，旨在吸引顾客身体和情感上的感觉
维迪斯（Widdis）、佩勒（Perer）	体验营销归根结底就是诱发顾客心中对于美好的向往
戈蒂埃（Gautier）	体验营销是一种促进与顾客互动的方式
菲利普（Philip）	体验营销是一种创造价值的社会过程
陈英毅、范秀成	以体验作为营销客体的市场营销
邓勒学	体验营销是企业创造声誉的有效手段

作者	定义
崔国华	体验营销是一种情景设计过程
于强	体验营销是顾客心理满足的过程
马连福	体验营销是创造产品最大化价值的过程

《营销管理》一书中提出，体验营销本质就是辨别并满足人类和社会的需要，主要表现在以下两个方面：

第一，注重感受。顾客的感受对于体验营销来说非常重要。消费过程中，充斥着感性与理性的判断。有时候感性更为重要，它有效地刺激了冲动消费。零售商需要研究刺激顾客感性消费的所有因素。

第二，鼓励参与。体验的过程中互动性非常重要，需要零售商从体验的角度出发，构思整体的营销策略。

罗娜在一项关于零售店的研究中，对体验营销进行了定义，她认为体验营销就是感受产品或者服务，通过更为直接的方式让顾客接触到产品或服务，使他们买得更加安心。体验营销的最终目的是使顾客在体验的过程中产生购买欲望，从而实现产品的销售。国内外已经有学者对奢侈品传统营销与体验营销进行分析研究（表2-3）。

表2-3 奢侈品传统营销与体验营销的区别

纬度	传统营销	体验营销
理念	基于顾客的利益需求	创造给人愉悦回忆的体验
定位	基于市场调研的顾客定位	注重顾客参与品牌的宣传
销售形式	专卖店、专柜	店铺的环境与氛围至关重要，要营造一种超出性价比的奢华品牌感受
传播手段	企业是传播的主体	通过互动，强调传播的社区氛围
关键点	往往关键点在功能	关键点在顾客的体验感受

通过对奢侈品精品店所处的地理位置对顾客的体验营销进行综合分析，提出了奢侈品体验营销的策略，进而给奢侈品提供更高的销售支持，满足顾客的利益以及消费群体的需求。奢侈品给顾客来自环境氛围的体验营销效果更强。奢侈品牌管理团队要进行明确的市场定位，有效把控招商及管理供应商，打造集购物、休闲、娱乐于一体的环境。可以通过与旅游景点结合，强化体验营销的效果，进一步刺激旅游购物与消费。国内奢侈品精品店体验式营销施行的误区有：软硬件建设不足，对顾客心理分析不够，重体验轻营销。体验营销对于奢侈品精品店顾客的购买行为，有很重要的影响。奢侈品精品店奢侈品管理者，通过不同层面的营销，可以给顾客提供一种特别的感受。

2.3.2　体验营销的维度

关于体验营销的维度，学术界一直没有形成统一的答案，存在一维和多维两种观点。虽然存在这种争议，但是多数学者认为体验营销是一个多维的概念。针对顾客的体验概念，"多维"的观点逐渐得到广泛认同。左洪亮对零售商营销的行为研究中指出，购物时游客主要是受心理因素影响较大，分别是动机、感觉、知觉、学习、信念以及态度。他利用这些因素分析游客的心理因素、购物的比例，指出游客的购物行为是社会、文化、个人、心理等方面综合作用的结果。他在对体验营销进行评价时使用二维坐标体系，在该坐标体系中，X轴被称为是战略体验模块。按照他的理解，客户的体验特点、生活方式、身体体验、情感体验等共同构成了体验，Y轴是指战术手段，它是公司开展营销工作不可缺少的一个工具。顾客价值最大化是体验营销的重要方式。

曲纾瑶对体验营销进行了研究，她认为体验营销是在满足顾客体验需求的基础上，力求创造最大化的顾客价值的一种营销方式。让顾客在购买商品的时候能够参与到产品的情感创作中来，让顾客在消费的同时能够体验到产品独特的魅力和个性，使得顾客在享受消费的同时能够与产品建立起联系。在她看来，体验营销具有参与性、互动性、情感性、差异性和延续性的测量标准。施密特认为体验将通过一定的载体，例如奢侈品、服务、环境等，为顾客提供主观刺激。体验营销将是顾客获得、提升感知价值的关键。体验营销会引导、诱发顾客对奢侈品的态度转变。零售商从个人角度出发进行的体验营销，会有巨大的收获。但倾向于个人层面的研究，会忽略社会层面带来的影响。奢侈品个人体验营销，是体验营销中的重要因素。让蒂勒（Gentile）以零售网站购物为研究点，提出"购买决定理论"，将顾客体验定义为不同于单一维度的结构概念，可以细分为六维（表2-4）。

表2-4　顾客体验多维度结构的六个维度

维度	定义
感官	能激发好的感受，例如愉悦、兴奋、满意及美感等
情感	它包含顾客整个的情感系统，如心情、情绪和感情
认知	它与顾客解决问题时的思维过程和创造力有关
实用	它不仅包括购买之后的产品功用，还涉及产品生命周期的各个阶段
生活方式	产品本身的消费和使用已经变为企业和品牌所代表的价值的附属价值
关联性	它涉及与其他人有关的人和产品的消费与使用

　　杨学成通过对前人定义的体验营销概念进行研究提出了自己的观点。他指出，参与性是体验营销的根本所在，是前因。而情感性则是通过与顾客的情感交流增进彼此的情谊，满足顾客的情感需求。这两点是体验营销重要的维度构成。但他的研究撇开社会因素，主要集中在个人层面，较为片面。在前人的基础上，罗娜在2017年将体验营销分为五种类型，分别是直觉营销、思维营销、行为营销、情感营销、关联营销。她的研究具有一定的个人层面考量与社会层面考量，但直觉营销与思维营销有重叠的部分并未独立区分，具有一定的局限性。施密特提出，体验营销具有四个比较显著的特点，他将人脑分为感官、情感、思考、行为和关联五个维度，且五个维度相互独立，又相互影响。在此之后，他进一步将这五个维度分为个人体验和社会体验两个部分，其中，感官营销、情感营销、思考营销是个人层面的体验营销，主要指单一个体的体验感受。

　　针对体验营销的维度与测量，不同学者提出了不同的看法（表2-5）。其中，大部分学者认为，社会体验营销包含行为体验与关联体验两方面，这里的关联，指的是个体与他人或社会群体的关系和体验感受。这种划分与施密特的维度划分较为一致，且得到较多学者的认同。

表2-5　不同学者对体验营销的维度划分及测量

维度	维度名称
一维	关系承诺
二维	"承诺—信任" 关系理论
三维	"认知—情感—行为" 理论
四维	情感偏爱、消费依赖性、互动接触、顾客行为
五维	顾客满意、品牌形象、产品及服务质量、顾客信任、转换成本

2.3.3　体验营销变量

2.3.3.1　个人层面的体验营销

个人层面的体验营销发展较为漫长，国内外学者均提出了不同的理论（表2-6）。

表2-6　个人层面的体验营销研究汇总表

作者	对象	前因变量和后果效应
莫里斯（Morris）、伊丽莎白（Elizabeth）、赫希曼（Hirschman）	顾客	通过具有纪念意义的产品诱发顾客的体验感受
格林（Green）、布鲁克（Brock）	网购顾客	较高的感官体验可以增强消息的详细程度，进而有助于故事性营销手段的说服力
厄克哈特（Urquhart）	顾客	体验营销是一种面对面的交流，它可以影响顾客身体和情感上的感觉。
科伊尔（Coyle）、索森（Thorson）	网购顾客	较高的感官体验有助于引导客户对网站的积极态度
霍尔兹瓦拉斯（Holzwarth）、贾尼斯泽夫斯基（Janiszewski）、诺伊曼（Neumann）	网购顾客	情感体验效果在网站呈现和产品态度之间起到一个积极调节作用
布拉库斯（Brakus）	顾客	认知程度高低、情感的出现都可以通过思考体验进行改变
布莱克威尔（Blackwell）、米尼亚德（Miniard）、恩格尔（Engel）	顾客	顾客感官体验成就的程度会影响顾客的支出评估

（1）感官营销：指的是依靠视觉、听觉等感官的刺激，以此表现出体验价值，感官营销容易促使顾客产生行为态度、行为倾向。

　　姜宝山以"饿了么"平台顾客为研究对象，指出对味觉体验较强的顾客，会对外卖平台具有比较高的满意度，并会产生重复购买行为。在应用软件的平面设计等视觉输出方面，如若顾客的感官体验较差，则会造成顾客对软件的不信任，进而影响顾客的重复购买行为。《营销美学》一书中指出，大多数营销都因为专注于功能性而受到限制。营销者应该对感官体验进行一种分类管理。西蒙（Simonson）、施密特提出了"感官营销"的说法，顾客在消费前、消费时、消费后的体验，是影响体验营销的关键，是前因变量之一。

　　李慧玲基于品牌营销的研究表明，感官营销就是零售商开展的一种有效的销售手段，这种手段往往是以声动人、以色悦人、以味诱人、以情感人。这种手段的目标是打造感知体验的感觉，让购买者可以积极地参与，并给予购买者足够心理暗示的营销手段。感官营销，被认为是当代营销手段中十分重要的部分，尤其是体现在品牌建设方面，具有不可替代的作用。

　　杨天明研究了美国"最佳奢侈品精品店"名单内的280家商场，发现奢侈品精品店面积多为几十万平方米，坐落于大城市边缘。周萍萍认为美国奢侈品精品店关注购物体验和便利的消费。一些奢侈品精品店引入增值元素，试图以此变身为新的"市中心"，包括音乐会、艺术中心、水疗中心、健身中心和小型农庄等。比如距离马德里30公里的奢侈品精品店中心仙纳度，为顾客提供保龄球和台球等。位于美国明尼苏达州的美国摩尔购物中心则有恐龙博物馆。她的研究指出，由环境刺激感官带来的体验营销方式可以有效地提升奢侈品精品店的购物消费。

　　奢侈品精品店的感官营销一般是通过产品、环境、服务，刺激顾客个人的听觉、视觉、嗅觉等感官感受，以此达到提高销售的目的。

　　（2）情感营销：主要依靠情境、气氛（产品）服务本身的功能和乐趣，引起顾客兴趣，进而产生行为态度和倾向。豪斯曼（Hausman）对美国奢侈品精品店的顾客利益和营销策略进行了综合性分析，并对比了沃尔玛等典型商业消费广场，发现情感体验对策略具有较为重要的作用。

　　王书岗基于宜家营销手段的研究表示，零售商在实施体验营销的时候应当将情感加入销售中，从而满足顾客的心理与情感需要，最终使零售商在销售中获得利益。他认为，情感营销就是通过情感方面的经常互动来提升顾客对零售商的认知度，通过体验的过程得到情感的升华，从而提高产品的知名度，进而提高顾客对品牌的依赖度与满意度。情感体验主要是以情动人，并不是像传统营销那样用利益来进行营销，而是更多地考虑顾客的心理，认真体会、仔细倾听顾客的情感，增加顾客与产品之间的情感沟通，使顾客对产品充满感情，从而产生对产品的认同。

李珂通过对咖啡馆体验营销的研究发现，情感营销的诉求点在于顾客内在的情绪与感情，对于顾客的消费决策有很关键的驱动作用。如果能够有效地提升顾客在场景和氛围中得到的某种情感的体验，进而产生难以忘记的回忆，那么顾客就会对产品产生极深刻的印象，产生更多的消费需求。该学者认为可以将情感服务贯穿于整个体验营销活动之中，从而提高顾客的满意度，促进顾客忠诚的形成。索利奥蒂斯（Souliotis）选取奢侈品商场的食品贸易区进行案例分析，针对人流数据及销售人群分析了销售量及顾客年龄的影响因素，进一步对数据和相关性进行分析，确定了情感体验与年龄之间具有一定的正比例关系，为情感营销提供了数据支撑和研究基础。

奢侈品精品店的情感营销一般指通过环境或服务引起顾客的兴趣、回忆、美好情感等影响心理情绪活动的营销手段。

（3）思考营销：主要是激发顾客的好奇心，引导顾客主动参与，并对产品或服务产生兴趣，获得一种解决问题的精神上的愉悦感，同时对品牌形成认知上的建立与更新。宗婷婷通过研究定制男装体验营销表示，零售商通过体验营销的手段，能够清晰地表达出营销的目的和所要宣传的内容，从而对顾客的思考方向进行引导，使顾客加深对品牌的理解，促进顾客产生更多创造性的思考，进而获得多方面的市场反响。她认为思考营销能够激发顾客对于品牌文化的认同，并对其产生好奇，从而能够自主对品牌进行探究。通过思考营销可以在一定范围内迅速提升品牌知名度，有助维护零售商与客户之间的关系。

罗永泰、卢政营针对家电零售业促销竞争的研究中发现，促销方式演进的趋势之一是变显性推销为隐性营销，思考营销策略尤为重要。郑春燕以饮料和化妆品为例，发现品牌故事的传达对于顾客的购买决策十分重要。李潇潇在针对旅游酒店的研究中指出，思考营销就是通过运用新奇的感觉，或者是某种计谋，诱发消费的感受。汤飙调研国内已开业的奢侈品精品店发现，典型欧美特征的奢侈品精品店和具有中国特色的奢侈品精品店均善于运用思考营销的方式提升顾客对奢侈品精品店深层次的购物体验。

2.3.3.2 社会层面的体验营销

国内外学者对于社会层面的体验营销策略更聚焦在行为与关联领域（表2-7）。行为与关联，这两个维度属于社会体验，主要指个体与他人或社会群体的关系和体验感受。

表2-7 社会层面的体验营销研究汇总表

作者	对象	前因变量和后果效应
温伯格（Weinberg）	顾客	随着顾客对品牌关联体验的增加，他们通过属性对品牌进行分类的能力得到增强
科利（Kohli）、贾沃斯基（Jaworski）	网购顾客	在线社区关联体验是了解用户态度和行为的重要前因
穆罕默德（Mohamed）、穆达（Muda）	顾客	品牌行为营销对顾客的消费共鸣具有积极影响
约瑟芬（Josephine）	网购顾客	虚拟购物过程中的关联营销体验对购买意愿具有积极影响
斯特尔（Steuer）	网购顾客	增强交互的程度可以在虚拟环境中给顾客带来更高程度的刺激体验，创造更多的行为体验
德贝维克（Debevec）、罗密欧（Romeo）	顾客	关联体验度较高的个体对广告和产品有较积极的态度，会使顾客产生更强烈的购买欲望
丽贝肯（Rebekan）	顾客	在实证研究的基础上得出结论，品牌体验是由客户品牌体验产生的关联化的个性化感受
施密特（Schmitt）	顾客	体验营销需要进一步关联顾客人群画像
阿尔基拉尼（Alkilani）	网购顾客	行为营销和客户满意度之间互相影响

（1）行为营销：指的是身体互动、生活方式以及行为方式角度给顾客带来体验。行为营销从身体互动、生活方式以及行为方式角度给顾客带来体验，有众多学者对此进行了深入研究。

　　袁嫣孜通过对童装零售市场的研究表示，行为体验在体验营销中是最关键的部分，所有的营销手段和措施都是为了能够吸引顾客做出购买的决策，如果只是在感官上、情感上以及思考上认同产品，却没有实际的行为，那么一切的措施都将会失效。一方面，可以让顾客去参加零售商举办的各种动手动脑活动，从而引起顾客对零售商和品牌的注意力和关注度，产生购买决策；另一方面，可以通过行为让顾客直接做出购买决策，形成购买活动，为零售商带来收益。

　　行为营销通过增加用户的亲身体验，为顾客创造各种各样的体验机会，主要包括身体体验、与人互动的体验以及生活方式体验等。当代社会已经开始进入体验消费时代。顾客在消费过程中越来越注重个人体验，注重感受，零售商应该注重为顾客提供多种多样的体验机会。比如最简单的品尝、试用、样品体验、购买等。零售商需要注意引导顾客冲动性情绪的感受基准，进而促进冲动性购买欲望的逐步形成。解决行为营销中情景信息源的异构性，缺乏软件支撑平台的支持，缺乏通用的模型以及缺乏安全和隐私机制等问题。有研究者根据旅游者的个人信息、用户偏好、游览记录以及所处环境等设计了一个智能旅行助手，零售商可以从与系统的互动中进行行为营销。零售品牌提供给顾客的体验营销可以创造出品牌的价值，行为体验产生的后果效应包括了品牌价值。体验营销的核心是愉悦体验的设计和交付，是一种基于互动的体验方式。

　　基于此，在激烈的市场竞争中，奢侈品精品店要注重产品与顾客之间的互动，通过互动将文化内涵传达给顾客，促使其产生购买的欲望。

　　（2）关联营销：指的是顾客与其所属的社会群体通过体验而产生关联的一种营销手段。关联的前提是顾客与社会群体具有相似的属性，使顾客感到与社会群体交往的快乐和认可。零售商需要把握住顾客向期望方向改变的欲望以及顾客希望受到他人青睐与重视的消费心理。

　　零售商将品牌符号化，并在符号化的过程中与目标顾客所期望的社会、文化群体进行精准关联，间接地影响顾客对品牌的态度，最终达到推广品牌、提升竞争力的作用。关联营销目标需考虑顾客的情感偏好、品牌忠诚、周边的效应，将这些因素与社会体系相联系，从而形成独特的消费群体。实现关联营销的诀窍之一，是合理选择以及确认营销对象，并建立一个行之有效的、具有公信度的标准。只要运作成功，由其带来的消费群体将给零售商带来稳定的利润，间接影响其忠诚度，并且可以从稳定的群体消费行为上推动零售商的发展与创新。

专业化与服务的关联非常重要。美国的开发商负责地产开发，零售商负责规划，各司其职。吉列斯皮（Gillespie）以法国奢侈品精品店为主要的研究对象，巴黎的河谷购物村奢侈品店云集，由于距迪士尼乐园较近，可以起到关联营销的作用。国内奢侈品精品店在结合当下移动互联网趋势打造品牌方面还有待提高，可以考虑通过互联网进行入驻店铺品牌的组合推广，打造品牌故事来引导消费理念，同时进一步吸引更多国际知名品牌入驻，建立专业的自采买手团队，也可以与中间代理商合作，壮大和提高引进国际名品数量的规模和级次。相对国际名品，市场上还存在大量中端品牌，为了使所有前来的顾客能有所收获，中端品牌品类和商品还需要继续扩充，起到关联营销的作用。

随着老龄化时代的来临，这个群体受到情绪价值的影响十分严重。他们对产品的需求涵盖各个领域，蕴含消费潜力。在奢侈品精品店消费多元化的同时，需要考虑老龄化顾客的晚年生活，这是关联的一个方向。消费的刺激与国家政策也有相当的联系。可考虑增加儿童业态配比，可以通过关联儿童产品来抓住整个家庭消费。

基于此，在奢侈品精品店领域关联销售的意义在于，利用品牌、地点、人群等不同的维度，建立个人对品牌的偏好，制定身份属性期望形成的体验营销策略。

2.4

奢侈品消费行为

在解释消费行为的过程中，经济学依赖于一个基本的前提假定，即人们倾向于选择在他们看来具有更高价值的那些物品和服务。为了描述顾客在不同消费可能性之间进行选择的方式，经济学家普遍采用效用概念推导出的需求曲线来解释人们消费行为的性质。当收入达到一定程度以后，人们选择的必需品已经满足人们的需求，再多增加必需品的量并不会增加人们的效用。而此时增加奢侈品的消费带来的边际效用的增加会更大一些，这时顾客会更倾向于对奢侈品的消费。当代社会是一个典型的消费社会，其所表现出来的种种问题绝不是用单纯的经济学原理就能够加以解释和说明的。《消费社会》一书中就曾指出，当代消费社会有一系列不同于传统生产社会的结构性特征：在生产社会中，消费行为是依据人的真实需求而做出的行为选择。消费是一个系统、一种道德、一种沟通体系和交换结构，它所起的是一种社会组织的功能。而在顾客消费行为中，奢侈品价值观是一个重要的中介变量。它是指奢侈品牌期望属性的信念，是指导顾客行为的标准。

消费购物是顾客在行程准备阶段或在目的地消费实物商品的经济行为，也是一种文化行为。奢侈品消费不仅包括具体的奢侈品消费行为，还涵盖了所有与购物相关的消费行为，但不包括任何类型的用于商业用途，即用于转售做出的购买。顾客的消费行为与奢侈品产品之间存在显著的互动关系。奢侈品产品对优化、约束消费结构有显著的作用。通过归因理论可以发现，奢侈品消费的发展可以促进区域经济。

意大利是传统奢侈品消费重镇，也是较早开始进行奢侈品精品店奢侈品零售业发展的区域。意大利国家旅游局在《论流动和外国顾客的成本意大利制造》一书中，讨论了在意大利的外国顾客的消费。它采用统计学的方式来计算顾客的消费模型，这是该领域最早的研究。由此可见，奢侈品精品店中的奢侈品消费与旅游消费息息相关。

范少花通过因子分析零售业，得出奢侈品消费受商品因素、环境因素、相关组因素和心理因素影响。王秀娟把长沙顾客作为分析对象，通过实证研究发现，产品质量、产品特性、店铺信誉、售后服务、卫生条件和安全的措施，会影响奢侈品消费行为。石美玉创建了奢侈品消费行为"刺激反射"模型，她指出影响顾客的购物行为的因素包括市场营销、环境因素、参照群体、个人因素、心理因素等。

奢侈品消费的形成是一个漫长而复杂的过程，每个区域内都有其发展特点，国内外学者均有相应的研究。奢侈品消费并非基本消费，它是消费中弹性系数最大的消费项目。

奢侈品精品店一般位于大城市中心地段，其优势之一是售卖名牌商品，一般体量在几万到几十万平方米不等。美国奢侈品通过优质的管理运营模式，形成了新的高端零售业态。截至2020年，在美国可以查到三百多家大型的奢侈品聚集商场。在欧盟内，奢侈品发展比较迅速的国家是丹麦、德国、法国等国家。

奢侈品精品店在中国尚属发展阶段，但是发展趋势迅猛，尤其是奢侈品商业综合体正在中国各大城市快速发展，被越来越多的顾客所认同。奢侈品要实现进一步发展，需要打造当地地标名片，联合政府、旅行社、出租车、公交、酒店等第三方共同打造高端生活区，并且争取退税政策，以成为入境人士购物的一个选择。

雷诺兹（Reynolds）认为奢侈品研究是百货研究的一个细小分支，在针对奢侈品消费的实证研究中，他运用服务表现模型研究了到奢侈品店购物的顾客的动机因素、满意度；罗布（Rob）与诺曼（Norman）通过一种全新的合并理论来模拟存在于奢侈品购物旅游当中数字和非数字的混合数据，用于产生奢侈品消费信息系统购物决策，他们根据奢侈品消费数据来预测其精确性。

加内什（Ganesh）指出零售新业态奢侈品作为传统零售业二线销售管道的出现，是当前市场流通体系不断完善的标志，奢侈品零售业态的存在有其必要条件。海登（Hayden）认为奢侈品成功的关键在于资源整合，即将各行各业的机构资源、顾客连接起来，寻求共赢，通过组织形成规模效应，共享粉丝经济，依托定位相同的大量顾客，对不同行业的资源重新整合、重新配置，经过一定积累最终形成强大的异业联盟，进而实现客户、广告、折扣等资源共享。其中最重要的，就是与景区的结合，与奢侈品消费路线密切结合。

布洛赫（Bloch）认为发展奢侈品将会在提高旅游地的经济收益，促进当地经济等很多层面产生显著作用。在巴西，休闲娱乐已经成为奢侈品中心业绩增长的新动力，并且在引入这些元素后，业绩同比增长41%，具有显著的效益。

随着居民消费能力的不断增强，消费业态日益创新，下沉市场日趋活跃。麦肯锡数据曾预测，2020年开始的未来十年内，在各国城市家庭中，中产阶层及富裕阶层的占比将大幅提升，或在2025年达到81%。其中，来自三四线城市的中产阶层将成为占比增幅最大的群体，这部分人也将成为消费升级的重要贡献群体。

奢侈品以高端形象吸引高端消费群体，又以普通零售业务以及其他业态完成顾客一站式购物需求，从而实现普通商业与奢侈品的互补。随着网络购物的出现和普遍发展，奢侈品需要重新寻找一条发展道路，那就是走向综合化购物中心的模式，尽可能地涵盖所有的零售业。奢侈品零售延长了商品的销售线，减轻了库存的压力，有利于资金回笼，加快了资金流动，健全了流通体系，对于资金流动十分有利。

综上所述，奢侈品营销与奢侈品消费具有一定的内在联系。奢侈品能够满足顾客和品牌厂商双方的特殊需求，需要有品牌消费的意识以及强大购买力的群体作为市场。

03

奢侈品顾客感知

3.1

顾客感知价值

3.1.1 顾客感知价值的定义

感知，通常指的是感觉，也称知觉。它通过感官用许多方式获取外部信息，感官对事物会融合一个综合性反映，从而对人的行为作出指示。

对顾客感知价值的研究是零售商追求竞争优势的必然结果。奢侈品顾客的感知价值构成更加复杂。感知在不同的研究层次具有不同的概念和定义。在零售领域，顾客的基础感知心理活动，是进行其他增值消费心理活动的基石。即使他们的感知有时会和实际情况有较大出入，可能是正面，也可能是负面，但其不妨碍"感知"对顾客的行为所产生的指示意义。顾客感知价值理论，为核心竞争力的提升提供了新的管道。业内的共识是，奢侈品零售的竞争优势之一便是为顾客提供优异的感知价值。

托拜厄斯（Tobias）与雷亚斯（Reas）研究了顾客感知价值构成，发现顾客会基于对利益与成本的预期进行购买，当顾客对利益的预期高于对成本的预期时，顾客才会进行消费。

摩德森（Mordson）将奢侈品顾客的感知价值定义为"通过对个人成本和利益的评估，对奢侈品做出的心理评价"。杜曼（Duman）、马蒂拉（Mattila）研究指出，感知价值是奢侈品顾客将投入在消费上的时间成本、金钱成本、获得的消费经历相比较之后，所得的综合评价。一般有变商品以及无变服务的感知价值有很大的不同。奢侈品消费中的感知价值，与消费经济中的顾客感知价值具有相通性。感知价值所指代的是奢侈品顾客的感知价值。感知价值是顾客在感知到奢侈品的优势之后，减去其付出的成本，从而得出效用的主观评价。有时候研究者会理解成为是一种性价比较高的主观感受。

泽塔马尔（Zeithamal）通过对果汁饮品顾客的调查，认为价值与产品的关系更为密切。他认为是用钱购买的质量，持有该观点的顾客将价值作为金钱获得质量之间的一种权衡。价值就是价格第一，质量第二，机会就是优质品牌的最低价格，价值是可以负担得起的质量。经典的"剥洋葱"理论中，对顾客感知价值的驱动因素做出了判断。顾客感知价值是零售商竞争优势下的一个优势源泉。自20世纪90年代至今，众多研究者开始对顾客感知价值进行更为细致的研究，同时顾客感知价值的概念也在不断翻新（表3-1）。

表3-1　感知价值定义汇总表

作者	定义
格雷瓦尔（Grewal）、梦露（Monroe）、克里希南（Krishnan）	感知价值对购买者的购买意愿有明显的积极影响。感知价值是客户做出购买决定时感知利益和感知薪酬的综合价值
泽塔马尔（Zeithamal）	价值体现在我们所需的客户产品或服务中。价值是提供给客户以支付质量的前提。客户支付所有可以得到的全部价值
图雷尔（Turel）、塞伦科（Serenko）	强调了基于感知的消费的过程，在整个体验过程中消费者收到了什么和给出了什么
布莱克威尔（Blackwell）、塞恩巴赫（Szeinbach）、巴恩斯（Barnses）	感知利益、感知成本是构成的关键要素
伍德拉夫（Woodruff）、罗伯特（Robert）、加德尔（Gardial）	顾客对产品属性、产品功效的使用，以及对使用结果达到他们的目标和意图，被认为是偏爱和评估

综上所述，本书中采用的感知价值的定义，是顾客"利得""利失"的产品感知做出的综合评价。顾客将投入的时间成本、金钱成本与获得的产品相比较，从而得出结果。具体在奢侈品零售中，是指顾客对获得的产品与成本权衡后，进一步做出的整体评价。

3.1.2　顾客感知价值的维度和测量

关于顾客感知价值维度的划分，国内外学者进行了很多研究。有单一维度和多维度的争论。常规认为顾客感知价值的两个维度分别是情景性和等级性。如果站在"二维权衡观"的角度感知质量升高，则体验到更大的感知价值。

顾客感知价值评价测量维度，最初以"经济"与"心理"两个维度的测量为主，现在趋向于向多维度测量进化，学者发现顾客的感知价值受商品属性、购物环境、功能等多方面的影响，而不是最初的受到心理和经济两方面的影响。

更多学者选择更多维度的划分（表3-2）。

表3-2 感知价值维度汇总表

维度	维度名称
单维	经济维度
二维	功利价值、享乐价值
三维	功能价值、象征价值、体验价值
	情绪价值、社会价值、功能价值
四维	情绪价值、社会价值、质量价值、经济价值
	功能价值、情绪价值、社会价值、成本价值
	功能价值、情绪价值、社会价值、知识价值
	功能价值、情绪价值、社会价值、货币价值
五维	功能价值、经济价值、情绪价值、安全价值、环境友好价值
	质量价值、利失价值、情绪价值、社交价值、认知价值
	功能体验、感官体验、情感体验、社会体验、知识体验
	质量价值、情感响应、货币价值、行为价值、声誉价值
六维	社会价值、认知价值、情绪价值、服务价值、环境价值、成本价值

林雅军将顾客感知价值的概念分为理性权衡、感性情感；单维、多维观；过程、结果观；静态观、动态观；中间顾客价值观、最终顾客价值观。他提出感知价值具有主观性、动态性、多维性、过程性和情景依赖性五个特性。谢思（Scheth）、格罗斯（Gross）在最初提出顾客感知价值的时候，提出功能性价值、情绪价值、社会性价值、满足价值、条件性价值五个感知价值的维度。杜建刚提出的维度构成包括功能体验、感官体验、情感体验、社会体验、知识体验。划分虽将情感体验影响因素融入研究中，但却忽略了顾客在体验中的积极主动性。

总体评定量表（Global Assessment Scale）提出了六个维度的测量方法，分别是功能价值、专业技能、质量、价格、情绪价值、社会价值。这种多维度的划分不一定可以更为全面地表达感知价值在奢侈品消费场景下的影响。斯威尼（Sweeney）、索塔（Soutar）理论研究得出了四维量表。在此基础上，李建州以服务业为样本，将用户的感知价值分成功能性价值、情感性价值、成本性价值、社会性价值这四个维度。他指出这四个维度可以很好地测量服务业用户感知价值的状况。

回顾感知价值研究文献，通过比较多种感知价值的定义、测量维度之后发现，大部分学者会选择四维和五维的划分。其中对于情绪价值、社会价值、功能价值的维度划分具有较广泛的认同。大部分学者的分歧在于对货币、环境等价值的考量与定义上。而奢侈品消费场景下，货币表现为成本价值的表象更为接近。

3.1.3 感知功能价值变量

3.1.3.1 感知功能价值

功能价值，指的是与属性有关的效用利益。奢侈品零售的功能价值，可以理解为是顾客从奢侈品零售购物过程中，感知质量和期望绩效比重与在百货、市区其他精品店的质量与期望比重的区别，从而得到的效用。感知功能价值在现有学者的不同研究中拥有不同表现（表3-3）。

表3-3 感知功能价值维度汇总表

作者	对象	前因变量和后果效应
阿伊莎（Ayesha）、希哈布（Shihab）	学生	感知质量和感知风险会影响感知价值
彼得里克（Petrick）	顾客	顾客满意度直接影响顾客感知价值大小
拉杰什（Rajesh）、科尔斯坦耶（Korstanje）	顾客	感知价值与顾客满意度之间存在显著关系
帕拉苏拉曼（Parasuraman）	顾客	感知价值不仅影响客户选择行为的决策过程，而且影响客户推荐和回购的意图
斯里尼瓦桑（Srinivasan）	顾客	感知价值对客户满意度和忠诚度有部分调节作用
林德奎斯特（Lindqvist）	顾客	商品价格、零售规则也可以作为对"质量"评价的维度
梁学城	西安顾客	顾客对产品整体功能价值的感知，是影响其购物行为的主要因素
卡兰德（Karande）	顾客	严肃型购物者与有时间意识有交易倾向的购物者，受感知功能价值影响强烈
夏巧云	世博顾客	不同动机的奢侈品顾客，获得的奢侈品感知功能价值存在显著差别

商品价格、零售规则可以作为对"质量"评价的维度。感知质量，可以作为感知价值中感知利得的因素；品牌硬属性，是感知质量的因素；品牌软属性，是感知价值中感知利得因素；顾客体验是对奢侈品质量和品牌的体验，顾客体验收益，是顾客的感知利得。顾客消费体验不单独存在，感性、理性因素，会互相影响和作用，变为整体的感知价值，影响顾客最终决策。这里的质量在奢侈品消费场景下可以关联到感知功能价值变量（图3-1）。

"顾客让渡价值"理念提出"顾客让渡价值是总顾客价值与总顾客成本之差"，总顾客价值由产品功能价值、形象价值、人员价值以及服务价值构成，总顾客成本由货币成本、时间成本、精力和体力成本构成，它们之间有复杂的关联。

杜布瓦（Dubois）、劳伦（Lauren）提出了基于奢侈品感知价值模型的研究。他们认为"质量保证价值""享乐价值"

图 3-1 奢侈品精湛工艺保证价值

是消费满意度的先决条件。其中，"质量保证价值"是对产品功能价值的一种集中体现。谢平芳认为顾客需通过选择性消费来满足对功能体验的需求，因此能提供商品的多样化、产品丰富度显得至关重要。梁学城通过研究目的地西安顾客的购物方式，指出服务、文化内涵和工艺都是一些影响顾客购物行为的主要因素；品牌、价格、文化内涵和包装，以及顾客对产品整体功能价值的感知，都是影响购物行为的主要因素。科特勒、凯勒（Keller）提出，产品质量与顾客感知价值具有显著正相关关系。

在奢侈品消费场景下，感知的功能价值往往与实际的功能作用存在差异。卡兰德对购物动机、购物态度和购物中心属性的重要性进行了分析，分析得出了三个奢侈品零售细分市场群体：休闲型购物者、严肃型经济型购物者和有时间意识有交易倾向的购物者。而严肃型购物者与有时间意识有交易倾向的购物者，受感知功能价值影响强烈。夏巧云对上海世博会国内顾客的感知价值进行研究后指出，不同动机的奢侈品顾客获得的奢侈品感知功能价值存在显著差别，由此可以见奢侈品动机的影响作用。

3.1.3.2　感知情绪价值

感知情绪价值，是指顾客从消费的感觉和情感状态中得到的效用。感知情绪价值由顾客体验中的顾客愉悦产生，包括各种休闲活动的玩乐与享受。许多顾客寻求一个独特的环境体验，这是伴随他们购物时产生的。对于情绪价值的前因条件，部分学者认为与动机息息相关。动机与感知路径显著相关，动机与人们对奢侈品零售地的感性评价有着相关作用。相同空间与地点下，个人感知会因动机的不同而存在差异。求新动机与享乐动机会显著影响顾客的感知情绪价值。恩朱（Eunju）、约瑟夫（Joseph）、穆扎弗（Muzaffer）在对挪威顾客的研究中发现，购物动机对奢侈品消费行为有显著正向影响；购物动机和购物涉入同时对感知情绪价值产生直接显著影响。他们认为利用决策线索可以提升价值的可感知性，利用随机惊喜可以提升主观情感感受；奢侈品顾客的情感动机，与感知情绪价值直接相关。

许多学者认为奢侈品零售的环境会影响感知情绪价值。奢侈品零售、大型百货、商场的销售业绩在很大程度上取决于店内气氛的营销刺激，气氛会对客户的购买情绪产生显著的影响，刺激其购买欲望，延长顾客停留在店内的时间长度。卖场氛围作为一种营销手段，是促使顾客感知情绪价值的重要方式。气氛强调营销人员可以创造性地设计出的购物环境，让顾客有一个情感和心理效果，研究表明它会有效地影响感知情绪价值。此外，很多学者对于顾客感知价值的后果效应也有相应的研究（表3-4）。

表3-4　感知情绪价值维度汇总表

作者	对象	前因变量和后果效应
皮尔逊（Pearson）	员工	管理者对电子商务采用的情感态度有重大影响，其中组织支持和决策辅助是最有影响力的
布恩勒特（Boonlert）	大学生	个人情绪价值观对感知价值观有影响，进而影响了个人采用电子书的意图
艾莉森（Alison）	顾客	顾客个人因素和客观环境能够对顾客感知价值造成直接影响
迪曼（Duman）	邮轮顾客	对感知价值的影响因素进行研究后指出，求新动机与享乐动机会显著影响顾客的感知情绪价值
科特勒（Kotler）	大型百货	气氛对顾客有一个情感和心理效果，研究表明它会有效地影响感知情绪价值

基于文献回顾，得出奢侈品零售的感知情绪价值，包含以下内涵：

（1）愉悦的感受：顾客依靠购物得到快乐的感觉；

（2）刺激的感受：指通过购买到高性价比产品后，产生的兴奋刺激感；

（3）新奇的感受：顾客寻觅到超过他所预期的商品，感到惊喜；

（4）放松的感受：享受着奢侈品零售的休闲时光，如舒适环境、特色美食、特色酒店等，让身心与精神获得放松与休息。

奢侈品消费场景下，顾客情绪价值受到多方面的影响，也会影响满意度、重游意愿等。奢侈品体验营销与情感感知具有某种内在联系，除此之外，购物的环境、情感动机等都会影响情绪价值。探究它们的内在联系是本书的目的之一。个人奢侈都是从纯粹的感官快乐中生发的。任何使眼、耳、鼻、舌、身愉悦的东西都趋向于在日常用品中找到更加完美的表现形式。而且恰恰是在这些物品上的消费构成了奢侈。但是奢侈形成以后，我们发现其他一些动机将进一步推动它发展。雄心、喜欢展示、炫耀以及权力都可能是重要的动机，它们实际上是一种力图胜过后来者的欲望。

3.1.3.3 感知成本价值

感知成本价值，指的是对付出的价格与行为成本的感知。在部分顾客的感知价值中，货币付出至关重要。商品的价格弹性用高等数学的方法，对最大经济效益的问题深入分析，他认为商品的需求弹性应为价格弹性、收入弹性与质量弹性之和。它不仅仅与价格息息相关，还涉及许多不同的维度。商品实际所需包括顾客的成本投入和风险感知。顾客成本感知价值的意涵，就是顾客在购买商品的过程中，所感受到的实惠和商品的实际所需之间的权衡关系。

奢侈品消费者感知成本价值的定义主要包含两个方面，一方面是相比在奢侈品零售内的消费金额顾客自己所获得的感知收益，如对比奢侈品零售外该品牌的常规售价、住宿、餐饮等服务质量是否物超所值；另一方面为行为消耗，相比在奢侈品零售购物期间所付出的时间成本、体力等沉没成本，顾客自己依然觉得有收获，感知收益是否值得。奢侈品顾客感知价值，是奢侈品顾客评估在消费目的地购买的产品、服务、付出成本的结果。购物者的需求包括基本需求和非基本需求，价格决定需求的结构。因此，感知成本价值在感知价值中占有非常重要的位置。购买者的价值感知是一种基于顾客付出成本的考量。感知成本价值是顾客感知到的质量与售价之间的函数，与成本息息相关。

感知成本价值的重要性在奢侈品零售领域显得十分突出。在奢侈品零售购物领域，重质量成为营销模式，在销售额增长的刺激下，生产厂家开始做出了新的市场细分，成立了专门为奢侈品零售这种形式生产产品的代工厂。如果多家不同类型的奢侈品零售店在相同区域内建立零售店，就能够形成溢出效应。拉拜通讯公司在一项对比研究中分析了轻型和重型奢侈品零售顾客，发现重型用户更重视价格、品牌、购物便利性和商店位置。

除此之外，时间成本也是感知成本价值的一种体现。竞租理论模型中指出，零售商们在进行选址决策时，往往会选择将零售店建立在交通设施便捷的地区，虽然这样的地区必定会成为买卖和租赁成本最高的区域。但是可以保证顾客的时间成本价值得到体现。奢侈品零售选址离目标消费人群越近，消费需求就越旺盛。价值不仅包含购买的价格，还包括获得成本，甚至是获取失败的机会成本。很多学者针对感知成本价值提出了相关理论（表3-5）。

表3-5　感知成本价值维度汇总表

作者	对象	前因变量和后果效应
杰基（Jackie）	旅客	顾客成本感知有助于提升顾客对旅馆的整体印象和满意度
沙赫里亚里（Shahriari）、瓦基兰（Vakilian）	研究生	感知的有用性，感知的易用性以及他们在分析成本效益后概念化的价值，影响客户积极态度和对电子购物的信任
克里斯（Chris）	顾客	度假地理位置、度假地发生事件、顾客动机和消费服务人员与顾客的互动情况都能够直接影响感知价值
拉皮埃尔（Lapierre）	顾客	顾客利益和顾客付出影响顾客感知价值
西斯（Sheth）	顾客	绩效对功能价值具有正面影响功能
史蒂文（Steven）	顾客	奢侈品顾客评估目的地购买的产品、服务、付出成本的结果
莫里斯（Morris）	顾客	顾客感知到的质量与售价之间的函数，与成本息息相关
萨赫德瓦（Sachdeva）	顾客	奢侈品零售低价、奢华环境、便利交通影响感知成本价值
加纳（Garner）、艾伦（Alan）	顾客	顾客的时间成本价值影响感知成本价值
杰克逊（Jackson）	顾客	价值包括价格、获得成本，甚至是获取失败的机会成本

3.1.3.4 感知社会价值

感知社会价值，指的是通过某一类具体的商品，在满足顾客需求的过程中，已经、正在或将能得到的各种利益，和为这些利益已经、正在或将要做出的各种付出，并对这些利益和付出进行权衡之后的评价。感知社会价值的对象是具有特定需求与意图的顾客，也可以指某些一部分的顾客群体。而零售商为满足顾客这些需求而提供的特定的产品，与零售商以往的产品是存在区别的。对奢侈品消费场景下的感知社会价值，不同学者提出了不同的观点（表3-6）。

表3-6　感知社会价值维度汇总表

作者	对象	前因变量和后果效应
巴宾（Babin）	顾客	感知社会价值对口碑传播具有直接的显著积极影响
多兹（Dodds）、格鲁瓦尔（Grewal）	顾客	感知社会价值与购买、回购意图之间存在正相关关系
维格内隆（Vigneron）	顾客	奢侈品感知价值研究模型
尚卡尔（Shankar）	顾客	品牌的价值与感知社会价值息息相关
莱赫蒂宁（Lehtinen）	顾客	服务质量分为物质质量、相互作用质量、公司质量
姜凌	顾客	奢侈品社会导向价值构成的三个维度：炫耀、独特、从众

为了凸显个人的财富，人们开始用消费品来装饰自己，并构建社会区隔，这是奢侈品的消费社会感知价值的一种集中体现。维格内隆和约翰逊通过两个系列研究，提出奢侈品感知价值研究模型，对顾客的类型进行划分。他们的理论将顾客分为公众性自我知觉者、自我性自我知觉者这两个类型。而奢侈品感知价值则会造成两方面的影响：人际影响和自我影响。人际影响逐渐形成炫耀价值、从众价值、社会价值。自我影响逐渐形成完美价值、享乐价值、情绪价值。

尚卡尔在针对多品类的品牌研究中指出，顾客对一个品牌的正面感知，会大幅度增强品牌在激烈市场竞争中的相对优势，从而提升此品牌在市场中的价值、知名度。找出顾客对品牌有利的感知，包括提升的方法，是提升感知社会价值的重点。而品牌的价值与感知社会价值息息相关，奢侈品零售的产品对提升感知社会价值有一定的影响。

莱赫蒂宁对服务质量的内涵、结构和性质等进行了开拓性的研究。他将服务质量分为三个维度。第一是物质质量，它涵盖奢侈品本身的实体支持；第二是相互作用质量，指顾客与服务人员的接触；第三是公司质量。通过提升质量，从而提升品牌所带来的感知社会价值。

姜凌在针对奢侈品市场的研究中指出，奢侈品社会导向价值构成有三个维度。三者都可以给奢侈品零售顾客带来感知社会价值的提升。

（1）炫耀性价值：其含义是关注商品的视觉传达感受，或有他人在场时，对商品明显消费，可让顾客本身获得社会声望和心理荣誉。

（2）独特性价值：其含义在于商品的独特性，与大众消费品拉开距离，以获得与众不同的心里感觉。

（3）从众性价值：其含义是为追随某些群体的消费习惯，以获得某种群体的社会认同。

巴特（Bhat）、雷迪（Reddy）的研究聚焦在顾客对品牌感知的象征性价值，他们的研究指出，象征性价值与感知社会价值有一定联系。布尔迪厄（Bourdieu）的研究进一步指出奢侈品象征意义的定义，将其与必需品拉开距离。奢侈品消费给消费者带来一种心理感受，即"体面""地位消费"，这两者构造了现实存在的社会阶层之间的差异，而奢侈品则是让人对这个差异产生模糊化的印象，它满足了顾客对社会感知价值的追求。

奢侈品的品牌属性与感知社会价值息息相关，奢侈品零售店是奢侈品折扣商品的集中聚集地，是感知成本价值与感知社会价值重要的研究场景。

3.2

顾客消费满意度

3.2.1 顾客消费满意度的定义

顾客消费满意度的理论，主要应用于零售行业，具体内容指的是顾客的期望，即被满足的程度。奢侈品零售购物属于奢侈品消费的范畴，它与顾客消费满意度有密切联系。消费满意度不仅是现代零售业的基本准则之一，同样也是增强零售业核心竞争力的重要手段，是奢侈品零售发展的文化基础与某种意义上的保障。经典的"期望—实绩"模型具有代表性，本书沿用了该模型，顾客在购买奢侈品之前，如果先根据过往经历、广告宣传、口碑传播等途径产生对奢侈品的期望，然后在购买和使用中感受奢侈品的绩效水平，就会进行比较。假设感知绩效符合顾客期望，顾客满意度不会有任何变化；超过顾客期望时，顾客会感到满意；假设感知绩效低于顾客期望，顾客就会不满意，其假设均得到研究验证。不少研究者在现有理论模型的基础上，对奢侈品顾客满意度进行了深入的界定（表3-7）。

表3-7 顾客消费满意度定义汇总表

作者	定义
卡多佐（Cardozo）	如果顾客认为商品性能未达到预期，则会感到不满意。但是，如果他感到满意，他愿意重复购买甚至购买同品牌的其他产品或服务。换言之，顾客满意度将影响随后的购买行为和认知评估
奥利弗（Oliver）	满意度来自一种心理状态，即客户将感知的服务性能与最初的期望进行比较，并感到满足了他们的需求
伊斯特（East）	令人满意的购买经验将使顾客对产品持续引起兴趣，这可能导致重复购买
普林斯（Prince）	满意的客户很可能会热情地谈论他们的购买或特定服务的使用
琳达（Linda）	当客户根据过去的顾客体验所获得的期望与体验相吻合时，就会产生一种情绪状态
斯特布鲁克(Stbrook)、赖利（Reilly）	顾客满意度是一种情感反应，当产品展示或整体购物环境影响顾客的心理时，就会伴随着购买过程

本书沿用奥利弗的观点，满意度是奢侈品顾客在消费之前，会根据过往消费经验、广告、宣传册、大众传媒、亲友介绍等途径产生期望。在消费过程中，感受该奢侈品的实绩水平后，与期望比较，进行满意度的判断。如果实绩符合期望，那么奢侈品顾客是满意的，反之则是不满意的。

3.2.2　顾客消费满意度的维度

奢侈品经营者需有效提高顾客的满意度，从而培养忠诚顾客。这点来看，无论是对奢侈品零售消费购物的资源优化配置，还是对其竞争力的增强都具有长远而积极的作用。消费满意度由许多因素影响和决定，以往对顾客价值的认识较局限，依赖诸如效用、利益、质量等，并且针对顾客满意尚无严格定义的术语。由此，多数学者认为消费满意度是一个单一维度的变量。也有学者存在多维度的观念，一直没有一个统一的标准（表3-8）。

表3-8　消费满意度的维度及测量

维度	维度名称
一维	顾客满意
二维	消费预期与实际消费中的感知体验相比较
三维	期望/满意感知比、总体满意程度、目的地动机与忠诚度和满意度之间关系
四维	消费期望是否一致、感知价值体验、社会文化环境、交通便利度
五维	消费期待阶段、消费目的地现场、消费体验及活动、消费返回、根据回忆体验

杨青山、孙滢悦与陈鹏研究了针对景区顾客满意度评价过程存在的模糊性与随机性问题，提出了加权多属性云模型度量方法。首先，以多属性满意度云对待测目标进行粒度细化，即将满意度分为直接满意度与间接满意度；其次，对满意度云的多属性综合与多路径合并，得到待测目标的最终满意度云；最后，将得到的评测结果与基准云对比，得出最终评测结果。尽管存在一维和多维的争论，但是多数学者认为消费满意度是一维的概念。本书沿用单维度的说法，即消费满意度指消费顾客对其明示的、通常隐含的或必须履行的需求或期望已被满足的程度的感受。

3.2.3　顾客消费满意度变量

感知价值是优先体现顾客消费满意度的行为变量，可以通过奢侈品顾客感知价值，预测顾客对该消费目的地各类消费产品的重购意图。而重购意图在某种情况下是满意度的体现。李正权针对服务业的研究指出，顾客的需求和期望往往会随着客观条件、自身的主观条件发生变化。社会经济的变化、文化发展的变化，影响了顾客的需求和期望。顾客的需求和期望提高，顾客的满意度就会下降。白长虹和廖伟对于零售店灰色关联的分析中指出，顾客感知价值非常重要，与顾客满意度有显著正向相关作用。而顾客的"得利""得失"会形成评价，也就会形成满意度和感知价值的中间变量。

伍德拉夫（Woodruff）、嘉迪尔（Gardial）提出了一个新的理论，即支持价值满意因果键，他们指出，感知价值非常重要，它与组织、顾客和服务之间具有正向相关作用。满意度是顾客对价值感知的反映，具有一定的中介效应。卡多佐针对零售市场的支持价值满意因果键（Value & Satisfaction Causal Link），最早在奢侈品上提出，只要提高消费满意度，就会使顾客产生重购想法，而不会转换为购买其他同类奢侈品。满意是诞生忠诚度的先前条件，具有显著正向影响。他们认为品牌体验正相关影响满意度与忠诚度。中间变量主要是品牌个性等。

法国的老佛爷奢侈品百货中，奢侈品零售的高端VIP区域设有餐食饮品区，给顾客提供了便利。给前来参观购物的高端顾客提供了更加舒适的环境和贴心周到的服务，让顾客有种意犹未尽的感觉。这种体验式的营销对于提升高端顾客的满意度以及忠诚度有着很大的帮助及作用。综合服务商场的服务质量对满意度存在正相关作用，服务价值对行为意向也同样有显著正相关作用。

研究表明，预期满意度和实际感知满意度之间存在着巨大的差异。营销沟通工具与感知价值之间正相关，二者与顾客对品牌的满意度正相关。顾客满意度是竞争的关键，可以提高零售商营销的效率。克罗宁（Cronin）和泰勒（Taylor）将顾客行为意向构建模型。他们检验了各个变量间的关系。研究发现，感知价值、服务质量、顾客满意，三者均对行为意向产生显著影响。格朗鲁斯（Gronroos）提出，当顾客消费所获的产品价值提升，其满意度会提高，忠诚度也会提高，具有正相关作用。这对本书研究奢侈品零售消费购物对顾客的影响也很有帮助。

国内外已有学者研究顾客消费满意度与感知价值、忠诚度之间的关系（表3-9）。但是探究奢侈品领域，尤其是奢侈品零售体验营销与感知价值、顾客消费满意度之间关系的研究并不多，这也是本书关注的方向之一。

表3-9　顾客消费满意度研究汇总表

作者	前因变量和后果效应
罗根巴克（Roggenbuck）	从差异理论角度解释娱乐满意度，强调通过感知到的顾客期望与现实体验之间的差距来衡量顾客的满意度
科扎克（Kozak）	顾客对以前的旅行目的地的不满意导致对未来的替代旅行目的地的更大的期望
尤萨尔（Uysal）、马格尼尼（Magnini）	消费品客户满意度高度依赖于一线服务提供商的行为
贝克（Baker）、克伦普顿（Crompton）	服务质量与客户满意度之间呈正相关关系
布洛默（Bloemer）、施罗德（Schroder）	顾客满意度对顾客信任有直接的显著积极影响
克罗宁（Cronin）	顾客满意度是行为意图的先决条件
布朗（Brown）	顾客满意度对产品口碑有直接影响
卡斯特罗（Castro）	目的地的景观、配套活动、文化形象对顾客满意度和推荐意向有显著积极影响
萨德（Sadeh）	消费目的地景观形象与顾客满意度和忠诚度之间积极相关性
比格尼（Bigne）	消费地景观形象对消费满意度和忠诚度显著影响
巴洛格鲁（Baloglu）	人口统计因素（年龄、性别、受教育程度等）会影响顾客满意度
拉索利马内什（Rasoolimanesh）	知觉价值对民宿顾客满意度有显著正向影响
帕拉苏拉曼（Parasuraman）、格鲁瓦尔（Grewal）	感知价值对顾客满意度、顾客选择行为等有显著影响

3.3

奢侈品消费忠诚度

3.3.1　奢侈品消费忠诚度的定义

奢侈品消费忠诚度是零售业营销战略中十分重要的概念，针对不同消费场景，对消费忠诚度的定义也有所差别。崔凤军与顾永建通过对平遥古镇的消费研究发现，消费忠诚度行为的表象之下，实际上是顾客重购或口碑传播。用户忠诚度是一个行为变量，可以被解释为重构的意向。他们认为，对顾客来说，某种商品对自己有所帮助，那么顾客就自然而然地会继续购买该商品，正是因为在使用商品的过程中感知到的价值高，才对该商品或者该品牌产生了很高的忠诚度，这就是人们通常不容易改变消费习惯的原因，一旦他们选择改变品牌，由于存在未知，客户也不能保证新的品牌是否能提供相同的感知价值。

基于品牌的研究也是奢侈品消费忠诚度的一个研究方向。消费忠诚度是品牌偏向性行为的反馈，它诱发了情感依赖。消费忠诚度是消费目的优势的重要来源。它与零售商有密切关联，体现在重复购买的主动性上，有助于建立品牌优势。

同一个场景下，不同时期的学者有不同看法。有的学者将奢侈品消费忠诚度定义为地方依恋，即潜在奢侈品顾客对于某消费目的地品牌的情感依赖。有的学者认为消费忠诚度的意涵是顾客对品牌的综合感知态度，从而形成的决策自觉。奥佩尔曼（Opperman）运用市场营销对忠诚度进行定义，他认为多次购买且在目的地停留时间较长的顾客，按到访次数与频率情况可分为一般忠诚、忠诚和非常忠诚三类。

已有的研究对于顾客消费忠诚度的概念存在不同的描述方式（表3-10）。这种分歧主要是受限于不同场景下的描绘重点不同。对于奢侈品零售业来说，零售商与管理者最重视的便是品牌忠诚，如果品牌缺乏忠诚于品牌的顾客，就不过是可以被取代的符号。从顾客的角度出发，忠诚度会让顾客花费更少时间成本搜寻信息。忠诚度容易转变为一种习惯，与品牌权益息息相关。

表3-10 奢侈品消费忠诚度定义汇总表

作者	定义
琼斯（Jones）、萨泽（Saaser）	对特定产品或服务有购买和回购意向
兰克顿（Lankton）、威尔逊（Wilson）	客户对过去的结果感到满意，将提高他们的信心，他们会再次选择同一位卖家
阿萨埃尔（Assael）	经过一段时间的持续表现后，忠诚是一种首选的态度和行为
迪克（Dick）、巴苏（Basu）	存在强烈的相对态度和较高的回购率

综上所述，本书中顾客消费忠诚度沿用奢侈品消费场景下基于零售商角度的定义，即奢侈品消费忠诚度，是存在强烈的相对态度和较高的回购率，即品牌偏向性行为的反馈，是顾客与品牌之间的一种积极、正向的情感联系。

3.3.2　奢侈品消费忠诚度的维度

奢侈品消费忠诚度与顾客行为学息息相关。20世纪50年代后，营销理论者开始借鉴心理学、行为科学、社会学、生物学、神经生理学的观点以及方式方法进行研究。从那时候开始，对顾客的行为研究进入新阶段。20世纪60年代，美国的一些大学开始增设"顾客行为学（Consumer Behavior）"这一门课程，这门课程已经成为各大营销类专业的必修课程。当产生消费行为时，对某品牌的优先购买意向、重复购买行为，是衡量消费忠诚度的维度。营销策略影响消费行为，顾客坚定的重复购买息行为，可分为忠诚度的多维度构成。

奢侈品消费忠诚度常规分为"态度忠诚"和"行为忠诚"两个维度。研究指出，游览行为是忠诚度的标准之一。行为忠诚度可作为研究消费目的地选择的指标。受到消费活动类型的限制，消费忠诚度的测量维度会发生根本性变化。从顾客视角出发，奢侈品消费忠诚度是奢侈品顾客对某消费目的地多维度作用的结果，包含品牌认知、偏好等。情感忠诚捕捉顾客对品牌的感性认知；意向忠诚分析顾客对品牌的购买与收藏；行为忠诚衡量顾客克服消费品牌障碍的主动性，在奢侈品零售的购物中心，行为忠诚将会受到巨大的挑战。

王帅借鉴市场营销学的研究方法，从态度忠诚和行为忠诚两个维度进行了衡量研究，发现忠诚度是零售商的重要资产。他测量出开发新客户的成本是维持一位老客户的44倍；客户的消费忠诚度提高5%，零售商利润将增长25%~95%不等。彭华东在2005年通过对大学生的问卷研究，总结了美感、玩乐、沉浸、服务卓越、经济和社群关系这几个维度对消费忠诚度的影响较显著。奢侈品消费忠诚度是零售业营销品牌权益的核心要义之一。品牌权益可以定义为多个维度：品牌知名度、感知质量、品牌联想、消费忠诚度。

对奢侈品消费忠诚度的维度分析有许多方式（表3-11），其中用李克特量表对忠诚度进行测量占据了绝大部分。有的学者从行为学的角度出发进行奢侈品消费忠诚度的维度分析，也有一些学者从品牌的角度对忠诚度进行进一步的分析。

表3-11 奢侈品消费忠诚度的维度及测量

维度	维度名称
一维	重复消费次数
二维	顾客前往零售店的游览比例、游览概率的高低
三维	地点依附和心理承诺、顾客的口碑和重游意向、顾客每年到消费景区的次数
四维	服务质量、感知价值、购物动机、顾客满意
五维	文化感知价值、文化感知吸引力、顾客推荐行为、顾客情绪、顾客消费目的

3.3.3 奢侈品消费忠诚度变量

大部分学者认为,感知价值是忠诚度的一个重要先决方向。但也有学者认为,顾客满意度在其中发挥了重要的中介作用(表3-12)。

表3-12 奢侈品消费忠诚度研究汇总表

作者	前因变量和后果效应
雷明顿(Remington)	由于顾客通常在旅行目的地之间面临许多选择,因此寻找替代目的地将在他们选择旅行目的地的决定中发挥重要作用
博斯克(Bosker)、马丁(Martin)、科拉多(Collado)	采用行为习惯的观念来衡量忠诚度
加拉扎(Gallarza)、索拉(Saura)	感知价值、服务质量和客户满意度是客户忠诚度的必要预测指标
格雷夫(Graefe)、伯恩斯(Burns)	客户满意度和忠诚度之间存在正相关关系
鲁伊特(Ruyter)	感知质量驱动顾客忠诚
贝里(Berry)	顾客对产品和服务质量的个人体验是决定顾客忠诚的关键因素
麦克杜格尔盖尔(Mcdougall)	顾客感知价值与服务质量共同决定了顾客满意度,进而对顾客忠诚构成影响
卡斯特罗(Castro)	服务质量对重游意愿和推荐意愿这两个忠诚度维度产生直接影响
赫恩布尼德斯(Hernbndez)	消费目的地形象会对顾客满意度和态度忠诚度产生影响,满意度会影响态度忠诚度,而态度忠诚度又会对行为忠诚度产生影响

品牌接触需要通过营销手段,进一步增加顾客的好感度,衍生满意度。整个过程都在追求一种情感上的共鸣,而这种共鸣最终影响顾客的忠诚度。顾客

消费中的"利得"价值提升，满意度也会提升，忠诚度也会增加。满意度具有中介效益，为顾客提升感知价值，是零售商发展的重要目标。"让渡价值理论"指出，顾客让渡价值大小在一定程度上决定顾客的满意度高低，最终决定顾客忠诚度，它解释了满意度与忠诚度的关系。在奢侈品零售营销的过程中，顾客让渡价值的意义就在于零售商需要构造产品价值链，从整体上把握顾客价值，从而在顾客当中准确定位，为奢侈品零售提供了方向。

格里芬（Griffin）指出，满意度与重复购买行为之间并没有显著的正相关作用，但顾客的忠诚度与重复购买行为之间具有显著的正相关作用。他的理论让零售商意识到，提高顾客满意度的同时，还需要维持顾客的忠诚度，这是零售商管理的关键。同时，这也是消费零售竞争的核心，是所有零售管理层的目标，从而把资源最大化，提升转化率，尤其是转化为顾客的正面的、积极的感知。

加拉扎提出忠诚度模型的组合。感知价值作为中介效应，正面影响了体验营销与忠诚度。布拉库斯（Brakus）提出了顾客行为模型，他认为品牌体验直接或间接地影响消费者满意度和忠诚度。品牌体验、忠诚度，对提高顾客留存率有正向影响，与创造品牌体验、衡量品牌价值，具有显著正向关系。

美国密歇根州国家中心质量研究大学提出基于结构方程模型的理论模型，对客户满意度指数进行数据量化测量（图3-2）。其中，期望和感知性能是满意度的变量，顾客投诉和忠诚度直接影响满意度结果。

据欧洲顾客满意度指数模型，清华大学中国企业研究中心通过实证研究，提出了中国顾客满意度的检测模型，这是一种基本的指数模型（图3-3）。

随着顾客对品牌的体验增加，顾客归类品牌的属性能力会增加；品牌体验、顾客的感知价值与客户忠诚度之间存在很强的相关性。

叶泽聪研究了感知价值、转移障碍和客户忠诚度，认为感知价值对提高客户忠诚度有显著的效果。通过对顾客忠诚度的研究，发现其受到感知价值、品牌、满意度的正相关影响。李慧玲认为感官体验营销的具体形象能够让顾客对产品有更加直观的感受，从而吸引到一批忠诚度很高的用户群体。林红梅对奢侈品策略进行研究之后表示，奢侈品关联营销的根本就是有效地形成社会群体联系，从而建立个人对该奢侈品牌的偏好。现有的奢侈品关联的酒店品牌，例如半岛酒店、宝格丽酒店，都成功地运用了体验营销的手段，有效地获得一批顾客群体，而这批群体往往是忠诚度较高，稳定性较强的群体，更有利于品牌的打造和推广。

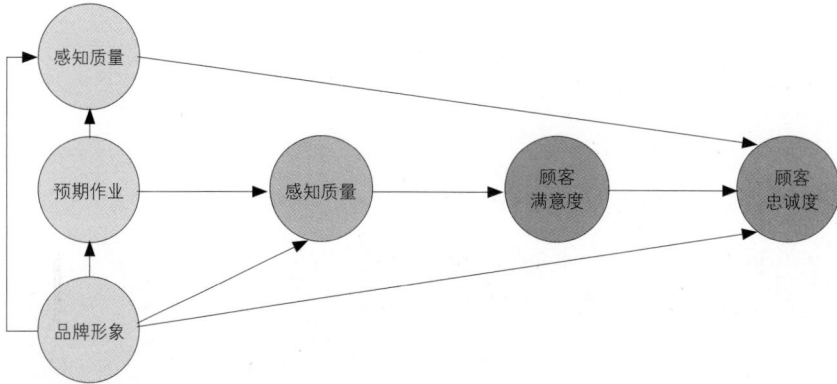

图 3-2　欧洲顾客满意度指数模型

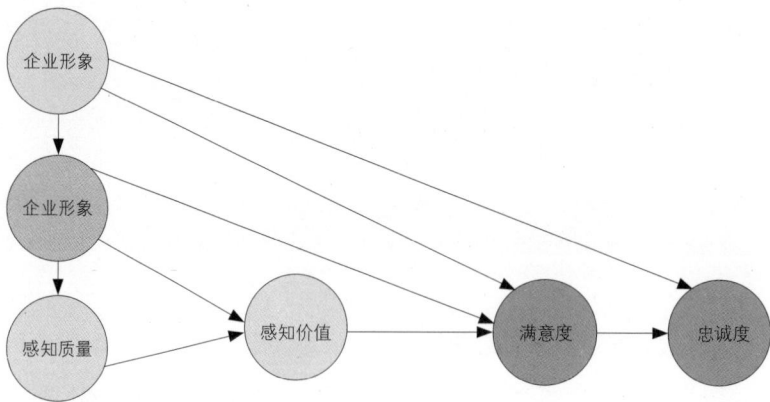

图 3-3　中国顾客满意度指数基本模型

04

奢侈品
消费量化研究

4.1

各变量关系

　　针对个人维度的划分理论一经推出，便得到很多学者的应用与验证。有研究者通过对美国108家奢侈品及沃尔玛等典型商业消费广场的调查及综合分析发现，针对顾客个人层面的体验营销手段，尤其是情感营销手段，对感知情绪价值具有正向的影响。也有研究者通过服务表现模型对奢侈品购物者的动机因素调查后发现，顾客的感知成本价值、感知功能价值、感知情绪价值三个变量，显著地受到奢侈品零售商针对个人层面体验营销的影响。其中，情绪价值受到的影响最大。有研究者使用合并理论模拟存在于购物当中数字和非数字的混合数据，用以产生购物信息系统决策，针对1983~1996年506名奢侈品顾客的购物数据来预测其精确性，发现个人体验营销对顾客的感知社会价值、感知情绪价值、感知功能价值、感知成本价值均有正向的影响。其中对感知成本价值的影响最为显著，对感知功能价值的影响不如其他显著。

　　也有研究者对美国奢侈品的调查中发现，通过提升奢侈品服务加强对顾客个人体验营销中感官的影响，会有效地提升顾客的感知价值，特别是感知情绪价值与感知社会价值。宗婷婷在对202名定制男装顾客的体验营销研究中发现，零售商通过个人体验营销的手段，使顾客加深对品牌的理解，促进顾客产生更多创造性的思考，对顾客的感知社会价值有正向影响。如果零售商将个人的情感加入销售的每个环节，从而满足顾客的心理与情感感知价值需要，会对感知情绪价值产生正向影响。

　　基于以上研究结论，本书提出以下假设：

　　H1：奢侈品个人体验营销对感知功能价值具有显著的正向影响。

　　H2：奢侈品个人体验营销对感知情绪价值具有显著的正向影响。

　　H3：奢侈品个人体验营销对感知成本价值具有显著的正向影响。

　　H4：奢侈品个人体验营销对感知社会价值具有显著的正向影响。

　　社会体验营销影响感知价值的重要内涵。李建州在前人的研究基础上，通过深度访谈以及192个抽样问卷分析餐饮服务行业后，进一步改良了原有的模型，提出感知价值的功能性价值、情感性价值、成本性价值、社会性价值四个维度的模型，得到学者的广泛认同。

出于社会层面的行为与关联营销，可以更好地影响顾客的感知价值。出于身体互动、行为方式给顾客带来的社会体验营销，对于顾客的感知社会价值与感知情绪价值影响较为显著。顾客在进行奢侈品购物时，零售商提供的社会层面的专业化体验营销服务会显著地影响顾客消费行为，尤其是对感知情绪价值、感知社会价值具有显著影响。

许多研究者认为，社会层面的体验营销对感知社会价值、感知功能价值、感知成本价值产生显著的正向影响；克里索科（Chrysochou）、米伦科娃（Milenkova）在一项基于零售品牌的研究中也发现，社会层面关联维度中针对品牌的体验营销方式，对顾客感知的社会价值、感知成本价值、感知功能价值有显著的影响，并且在奢侈品领域，低权益品牌得到的影响高于高权益品牌。

梁冬梅通过对奢侈品零售业体验营销的研究发现，零售商通过社会层面的关联营销操作会带来较大的利润，她的研究认为顾客的感知成本价值、感知情绪价值与社会层面体验营销有显著正相关关系；戈蒂埃认为新型的体验营销模式能够使顾客参与产品的创作过程，这是一种基于社会层面的行为营销，而它能够将零售商与顾客紧密联系起来，对感知社会价值、感知功能价值有显著的正向影响。

基于以上研究结论，本书提出以下假设：

H5：奢侈品社会体验营销对感知功能价值具有显著的正向影响。

H6：奢侈品社会体验营销对感知情绪价值具有显著的正向影响。

H7：奢侈品社会体验营销对感知成本价值具有显著的正向影响。

H8：奢侈品社会体验营销对感知社会价值具有显著的正向影响。

顾客消费满意度，是顾客的一种期望被满足的情感联系。这种联系会影响顾客的消费行为以及感知价值；假设感知价值与顾客期望保持一致，那么满意度不会产生明显变化，如果感知价值超出顾客期望，满意度会显著提升，如果低于期望时，顾客会不满意。该假设在实验分析中得到验证，表明感知价值与消费满意度有显著的正向关系。

布拉库斯（Brakus）在原有理论框架上引入了体验营销，他针对零售业顾客研究发现，营销人员能否将关注从顾客满意拓展到顾客对产品或服务的依恋，是奢侈品零售业的研究关键，而顾客对产品的感知功能价值、感知成本价值、感知社会价值与顾客消费满意度之间有显著的正向影响。伍德拉夫（Woodruff）、加德尔提出支持偿值满意因果键理论，并在此基础上构建了结构方程模型。他们的研究发现，感知成本价值、感知社会价值对消费满意度有正向影响。徐晓丽对奢侈品店的212名顾客调查也同样发现，感知成本价值、感知社会价值、感知情绪价值能够显著地正向影响顾客消费满意度。杨政桦和卢衍良利用结构方程模型，通过对356名香港自由行顾客的调查发现：感知情绪价值、感知社会价值、感知功能性价值，能够影响顾客消费满意度。其中感知社会价值、感知情绪价值，能够有效地正向影响消费满意度，感知功能价值对消费满意度的影响力度更大。巴洛格鲁（Baloglu）、麦克利里（Mccleary）认为品牌形象主要由感知情绪价值构成，对品牌满意度与忠诚度有直接的显著影响。

路易莎（Luisa）分析了奢侈品顾客的情感给他们的行为以及满意度所带来的影响，并对情感体验和环境心理学模型进行了分析，研究发现顾客感知情感营销对于顾客消费满意度有显著的正向影响。布雷迪（Brady）在针对综合服务商场的营销调查中发现，感知社会价值、感知情绪价值，对行为意向有正相关作用，能有效地提升消费满意度。杰里米（Jeremy）对奢侈品与传统百货商场进行了定量对比分析，采用双过程模型，对不易量化的顾客认知、感知情绪价值与消费结果之间的关系进行了研究，他的结论是奢侈品提供的感知情绪价值更显著，与满意度之间有显著的正向影响。

不过仍有学者指出，在某些特定情况下，满意度与零售商的任何表现都不存在很高的关联性，因为顾客可能在别处购买相同产品时会更满意，而该行为也影响了不同的购物行为意愿。

基于以上研究结论，本书提出以下假设：

H9：感知功能价值对顾客消费满意度具有显著的正向影响。

H10：感知情绪价值对顾客消费满意度具有显著的正向影响。

H11：感知成本价值对顾客消费满意度具有显著的正向影响。

H12：感知社会价值对顾客消费满意度具有显著的正向影响。

黎晴采用SPSS软件分析顾客忠诚度与表演场地满意度和表演质量满意度的相互依存关系，结果表明香港迪士尼乐园娱乐表演场地满意度和表演质量满意度对顾客忠诚度有显著的正向影响关系。她认为赢得顾客满意，与维持顾客忠诚，是零售商保持其竞争优势的有效手段，二者具有正相关关系。可以通过感知价值预测顾客对该目的地各类奢侈品的重购意图。而重购意图在某种情况下是满意度的体现。感知价值对顾客满意度有显著的正相关影响。

董大海在对网络口碑和产品销售的研究中指出，生产商、零售商、顾客三个不同角度，影响不同的顾客价值理论的研究方向。他通过规范研究范式，构建了消费满意度和感知价值对行为意向影响的理论模型。证明顾客感知价值与顾客行为尤其是重购行为有显著的关系。只要提高消费满意度，就会使顾客产生重购想法，进而构建消费忠诚度，二者之间具有显著的正相关作用。

基于以上研究结论，本书提出以下假设：

H13：顾客消费满意度对顾客忠诚度具有显著的正向影响。

基于上述H1~H13的假设，构建本书的奢侈品消费模型（图4-1）。

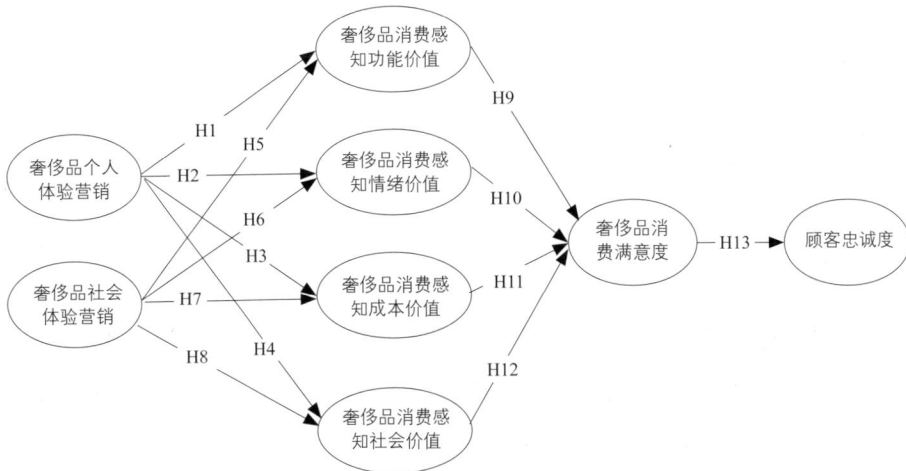

图4-1　奢侈品消费模型

4.2

奢侈品消费调研

基于奢侈品理论，本书展开针对奢侈品消费的实证研究，通过调研总结了现阶段中国奢侈品市场的发展现状。

首先通过对时尚游学旅行团中奢侈品定制路线团员的问卷数据收集、定量的研究方法，确定研究工具，采用自编的《奢侈品消费实证研究调查问卷》对初始问卷进行修订，逐渐形成最终的调查问卷。其次，运用SPSS 23.0、AMOS 24.0等软件进行分析，取顾客样本，采用经过修改的正式问卷施测；委托时尚游学旅行团团长进行数据收集，保证调查的质量和效率。

该实证研究旨在研究奢侈品管理者如何通过体验营销的手段触发顾客的感知价值，进一步提升购物满意度及顾客忠诚度的关联作用，进行深入研究。通过定量研究，对未来零售业特别是国内奢侈品的发展给予理论和资料支持。

具体研究目的如下：

第一，了解奢侈品体验营销与顾客感知价值的内在联系，在此基础上，探讨奢侈品个人体验营销和奢侈品社会体验营销对顾客感知价值各个维度的影响。

第二，了解奢侈品顾客感知价值与顾客对奢侈品消费的满意度的内在联系及影响。

第三，探讨奢侈品顾客对奢侈品消费的满意度与顾客对奢侈品消费的忠诚度之间的影响和内在关系。

第四，了解顾客感知价值与顾客奢侈品消费满意度作为中介效应，对奢侈品体验营销与顾客满意度、忠诚度之间的影响。

本次调研分别通过文献的收集和分析、问卷调查等研究方法，剖析奢侈品零售业消费意向现状，对过往既有文献进行梳理，找出奢侈品行业提升购物满意度、顾客忠诚度的对策，帮助奢侈品零售行业的奢侈品品牌管理者建立有针对性的体验营销模式。

4.3

调研对象

　　本次调研的调研对象，是参与高端特色旅行团的团员。而该旅行团的旅行路线中，均有奢侈品购物的行程安排。研究对象是参与了该行程安排的奢侈品消费群体。

　　研究团队跟随上海某时尚企业海外游学部旗下的一款精品高端特色旅行团进行调研。该部门自2018年起，最热门的旅游项目"四大时装之都时尚游学旅行"中，分别有针对目的地为美国、英国、日本的旅行团。而每一个旅行团的旅行计划中均有前往各地代表性奢侈品店购物的行程。

　　由于该公司隶属某上市集团旗下，故大部分团员为集团中高层及其亲友，具有一定的消费能力，适合作为本次调研对象。基于中国奢侈品顾客主要集中在16岁到60岁，此次调研对象的选择也在奢侈品主要消费者的年龄范围之间。其中，选择16岁消费者作为样本的范围是考虑到两个方面，一个是该年龄在Z世代的出生范围内，而Z世代已被多个奢侈品牌定位为最有发展潜力的人群画像；另一个原因是本书的调研对象中，家庭出行是一个重要部分，而未成年人是其中重要的构成。

　　经过与导游的沟通，确保参与该项目的旅行者均参与了其旅行计划中的奢侈品购物路线，均有在奢侈品购物经历，剔除因个人原因而没有进行奢侈品购物的群体。根据世界旅游组织公布的数据显示，Z世代（Gen Zers,1997~2012出生）是出境旅游的主力军，在中国所有护照持有人中，三分之二都是36岁以下的人。这一消费群体呈现的特点是，整体人口基数大，具有渴望奢侈品的消费心理，掌握西方的流行趋势，以及多有炫耀品牌的心理。在相对的时间空间里，这类群体接触奢侈品的机会与频率较多。

　　学者理查德·帕克（Richard Parker）与洛尼斯·雷亚（Lonis Rea）认为，允许误差上限是调查误差的10%。换言之，大量抽样误差为10%时，样本大小被认为达到至少100。吴明隆提出，样本规模大，对参数稳定性、指标适应性都有一定的好处。SEM适用于大样本量的检验，若要保证稳定的分析结果，需中规模的样本量，受试样本在200份及以上为佳。

常见的非概率抽样方法有三种：便利抽样（Convenience Sampling）、立意抽样（Purposive Sampling）、配额抽样（Quota Sampling）。顾名思义，便利抽样是指研究者以自己最容易取得的一组样本作为研究的数据。基于以上，本书采用便利抽样的方法，样本规模控制在500份。

4.4

调研流程、方法与工具

通过结构问卷调查，获得调研对象的经验数据，然后使用统计方法，利用统计软件分析获得数据来验证结论。基于理论与文献研究的基础，研究者建立相关的假设，寻找合适的量表，并对量表进行预调研。正式调研开始后，首先需要收集所需的数据，进行统计分析和假设检验。运用实证分析的手段来改进和发展相关理论。最后提出建议，并对学者们之前的理论进行补充和发展。

本书运用定量的研究方法，研究工具使用问卷调查工具。问卷调查是在市场营销和顾客行为研究中最常用的工具之一。问卷调查一般包括两个部分，问卷（Questionare）和面对面采访（Facetoface Interview）。本书主要采用问卷调查的方式，这种方式可以经济高效地收集大量的研究所需的数据。问卷调查具有五大优势，即标准化；相对简单操作；揭示看不见的问题；便于制表、统计分析；能够揭示群体间差异（表4-1）。

表4-1 问卷调查法的优势

特点	说明
标准化	标准化描述性规模，它包括了问题、答案选项、顺序标准化等
操作简单	受访者可选答案进行回答

续表

特点	说明
"隐形"问题	可以询问受访者具体的动机，如购物细节、购物心理等
易于统计分析	快速数字化，便于统计计算
揭示群体差异	调查可被分为不同的小组，对结果进行比较分析

实证研究需要先提出假设、理论、模型，然后分析收集数据的基础。实证研究的主要研究方法是定量分析。本次调研采用定量分析方法，以此来解释不同因素影响下的顾客行为。受时间、受访者数量限制，研究者量化问题，以定量的数据分析结果来测试假设，以此促使现有的研究方面清晰明了。问卷的调查方法具有一定的优点，但是受限于受访者范围，以及其对于问卷方式的抵触心态，会造成研究结果的一定偏差，在研究中需要更加专注。受到奢侈品消费人群行为习惯的影响，以及精品游学旅行团规模的影响，研究的样本局限在500份，这是研究限制之一。本次调研属于量化研究，研究的结果主要是对事实的呈现与描述，不应过度推导。该定量研究的创新点主要在于，从顾客的价值感知视角切入，改善了传统研究的范式，拓宽了对于零售的研究维度。

此外，针对奢侈品场景下的研究，国外都相对匮乏。由于该商业模式存在历史时间并不长，还在发展阶段，而国内理论研究多局限在"非典型性"奢侈品的形成模式里，整体来看，理论界缺乏理论建构的文献基础。本书试图弥补这一局限，面向奢侈品零售行业从业人员构建一套具有针对性的方案，为奢侈品零售行业提供一个安全且高效的评价工具。

4.5

预调研

预调研是正式调研之前在小规模群体内进行的调研，其主要目的一是找出语句表达模糊、不够精练的题项；二是检验问卷的可信度和有效度，剔除不合格的题项以形成最终的问卷。

通过对文献的分析与总结，依据国内外研究者的成熟量表进一步整理，我们编制出了本书的调查问卷。问卷调查法因其结果标准、操作较为简易、可以揭示隐形的问题、容易制作表格、容易统计分析、较易敏锐揭示群体间的差异等优点，被学术界作为数据收集的重要手段。其设计和制作能直接影响被调查者在填写问卷时的态度和行为，从而影响数据的真实性，甚至决定整个研究的质量。

问卷设计的目的是测量变量、概念或建构。先对相关的调查问题或项目进行比较、选择、测试，最后确定模型的问题或检测项目的进程。使用时，应注意问卷在不同文化背景中的样本规模、适用性、确切性，考虑跨文化差异性等。

为保证问卷的质量和研究的顺利进行，本书的量表制作采用"综合沿用现有量表、小幅修改"原则。同时，由于部分沿用的现有量表为英文，所以先邀请一名专家将英文翻译成中文，再由另一名专家将中文回译（Back Translated）成英文，再同原来的英文量表进行比较并修改，以此来确保译文的准确性，最后由一名美籍华人校对以确定预调研中文量表。本书工具"奢侈品消费意愿实证研究调查问卷"，是本书作者综上所述编制而成。

4.5.1 预调研问卷设计

预调研问卷分为三个部分：第一部分为引言部分，包括问候语、调查目的、研究者的身份、研究对象的筛选以及联系方式；第二部分为本书模型中的所有变量的测量题项，包括奢侈品消费体验营销、奢侈品消费感知价值、奢侈品消费满意度和奢侈品消费忠诚度等相关题项；第三部分是研究对象的人口统计学特征，包括年龄、教育程度、收入等项目。采用李克特式（Likert Scale）五点量表法，"非常符合、符合、一般、不符合、非常不符合"，分数为5、4、3、2、1。选择这种方法的依据是，如果超过五个点的选项，奢侈品顾客很难有足够的耐心以及辨别能力，五点量表更可以清楚地表达差异。

（1）第一部分为顾客是否去过奢侈品店的基本筛选。

您是否在奢侈品店进行过购物？ ○ 是 ○否

（2）第二部分为奢侈品体验营销的测量题项，包括个人体验营销与社会体验营销的题项，共有两组，十二项问题。

（3）第三部分为感知价值测量题项，包括感知功能价值、感知情绪价值、感知成本价值、感知社会价值，一共有四组，十五项问题。

（4）第四部分为顾客奢侈品消费满意度测量题项，共有五项问题。

（5）第五部分为顾客奢侈品消费忠诚度测量题项，共五项问题。

（6）第六部分为基本信息，测试题项见表4-2。

表4-2　基本信息

您的性别	○男　○女
您的年龄	○ 16岁以下　○ 16~25岁　○ 26~35岁　○ 36~45岁　○ 45~60岁 ○ 61岁及以上
您的学历	○高中及以下　○专科　○本科　○硕士研究生　○硕士研究生以上
您的工作职位属性	○金领　○白领　○蓝领　○其他

4.5.2　预调研量表选择

体验营销量表设计依据前述的个人体验营销与社会体验营销的定义，并结合中外文献关于体验营销的内容，分别设计体验营销测量项。其中，奢侈品体验营销中"个人体验"的定义有三个方面含义，分别是感官营销、情感营销和思考营销。设计"个人体验营销"维度的测量，如表4-3所示。

表4-3　体验营销的个人体验营销问项及理论依据

维度	问项
个人体验营销	奢侈品店服务质量较高让人印象深刻
	奢侈品店推出的活动符合我的个性和兴趣
	奢侈品店的商品物超所值，性价比高
	奢侈品店的装修设计很有特色
	奢侈品店的服务人员沟通较为高效
	奢侈品店有丰富的商品体验项目
	奢侈品店的购物环境十分舒适，包括灯光音乐等

奢侈品体验营销中"社会体验营销"维度的测量设计如表4-4所示。

表4-4 体验营销的社会体验营销问项及理论依据

维度	问项
社会体验营销	参加奢侈品店会员聚会等活动让我结识了更多的朋友
	奢侈品店能够给我愉悦的交流氛围
	在奢侈品店购物符合我的社会身份
	奢侈品店具有适应不同阶层顾客的商品
	我习惯和朋友一起来奢侈品店购物

奢侈品顾客感知价值中"感知功能价值"维度的测量设计如表4-5所示。

表4-5 感知价值的感知功能价值问项及理论依据

维度	问项
感知功能价值	奢侈品店的产品种类/组合齐全
	在奢侈品店购物可以方便快捷地获得商品和服务信息
	奢侈品店的硬件设施优良

奢侈品顾客感知价值中"感知情绪价值"维度的测量项目如表4-6所示。

表4-6 感知价值的感知情绪价值问项及理论依据

维度	问项
顾客感知情绪价值	来奢侈品店购物具有新奇感
	来奢侈品店购物可以体验新事物、新商品
	来奢侈品店购物常常可以买到新商品
	奢侈品店给我的整体感觉很温馨
	在奢侈品店购物能够让我忘掉烦恼和压力
	奢侈品店导购服务专业

奢侈品顾客感知价值中"感知成本价值"维度的测量项目如表4-7所示。

表4-7 感知价值的感知成本价值问项及理论依据

维度	问项
感知成本价值	奢侈品店提供的服务是价有所值的
	我觉得在奢侈品店所购的同等质量的商品与其他商场相比具有价格优势
	奢侈品店的促销力度较大,能够为我节省不少费用
	在节假日的时候,我常常会收到一些奢侈品优惠活动的信息

奢侈品顾客感知价值中"感知社会价值"维度的测量项目如表4-8所示。

表4-8 感知价值的感知社会价值问项及理论依据

维度	问项
感知社会价值	这次的奢侈品购物行为体验让我赢得了别人的羡慕
	我觉得在奢侈品店购物的行为能够彰显我的品位
	与亲人朋友一起在奢侈品店购物加深了感情
	在奢侈品店购物的行为增加了别人对我的好印象

"顾客奢侈品消费满意度"维度的测量项目如表4-9所示。

表4-9 顾客奢侈品消费满意度问项及理论依据

维度	问项
顾客奢侈品消费满意度	我认为在奢侈品店消费是正确的决定
	我认为奢侈品比我期望中的要好
	相较其他消费商场,奢侈品店消费更加实惠
	奢侈品店能够及时处理不良的信息
	奢侈品店能够提供给我真实有效的购物信息

"顾客奢侈品消费忠诚度"维度的测量项目如表4-10所示。

表4-10　顾客奢侈品消费忠诚度问项及理论依据

维度	问项
顾客奢侈品消费忠诚度	我会与他人分享我在奢侈品店的购物体验
	我会向身边朋友推荐，建议他们前往奢侈品店购物
	只要我能承受，即使奢侈品店的商品不降价促销，我还是会继续选择去该商场购物
	优惠券、积分等行为能够促进我在奢侈品店消费
	在奢侈品店购物是因为没有其他可替换

4.5.3　预调研样本筛选

为达到预调研的目的，本次调研邀请零售业的专家对初步形成的问卷进行审阅，根据专家的反馈，对问卷的文字表达部分进行修改，以提高问卷的内容效度，专家身份如表4-11所示。

表4-11　受访者专家身份

序列	职业
1	Chanel大中华区市场部门经理
2	上海青浦奢侈品规划局经理
3	境外奢侈品购物知名APP "杰斯卡的秘密"创始人
4	法国高等商学院奢侈品国际EMBA讲师
5	香港理工大学服装与纺织品系教授

依照受访者的时间安排及可行性，研究者于2020年5月13日至6月20日先后进行了五次访谈。访谈内容为更为深入地了解奢侈品体验营销与感知价值、满意度、忠诚度，为题项量表的开发提出建议。基于设计出的奢侈品体验营销、感知价值、满意度、忠诚度问项；基于优化的前提，以及进一步确认本次调研

所编制的问卷题目的代表性与实施可行性。本书作者委托业内的专家学者进行审视，最后结合专家访谈内容开发出初步问项。

业内专家需要对调查的内容也就是内容效度进行第一遍检测，分别以"合适""需要修改""不合适"作为评价选项。本书作者整理所提意见，进一步统计分析。如果某一题项专家选择"需要修改"超过50%，或有任何一位专家选择"不合适"，那本书作者对于该题会直接予以删除。在专家访谈的基础上，得出专家意见，主要集中在以下几个方面：

（1）量表部分问项需要补充说明，主要表现在该问项措施意思过于笼统，需要进行说明，以便调查对象能了解表达含义。例如，表4-7中"在节假日的时候，我常常会收到一些奢侈品优惠活动的信息"可以改为"节假日期间奢侈品店会推出优惠活动"；表4-10中"我会向身边朋友推荐，建议他们前往奢侈品店购物"可以改为"我会向他人推荐去奢侈品店购物"。

（2）量表问项的部分内容需要删除，不少业内专家表示，删去表4-8中"购物行为"的"行为"二字，会让表述更直接简洁。

（3）量表部分问项，内容需要有所合并。有三位专家指出，表4-6中"来奢侈品店购物具有新奇感""来奢侈品店购物可以体验新事物、新商品""来奢侈品店购物常常可以买到新商品"这三个问题，均是在咨询对奢侈品的体验感，可以合并为一个选项，即"来奢侈品店购物具有新奇感，可以体验新事物、新商品"。

（4）量表部分问题表述需要进一步改善。例如，有专家提出，表4-9中"奢侈品店能够及时处理不良的信息"中"不良"一词容易产生混淆，建议将该项改为"奢侈品店能够及时处理投诉信息"。

通过归纳、总结、分析，对量表进行优化、合并。在此基础上，形成了正式预调研问卷。为真实有效地检验出问卷的信度和效度，研究者于2020年6月30日至8月1日，采用旅行团群内发二维码的方式，委托上海国际时尚教育中心海外游学部门团长，针对旗下产品"时尚游学旅行团"的成团团员群内便利抽样，进行预调研。对预调研样本数的要求，学术界没有统一界定。本书预调研阶段发放102份问卷，回收102份问卷。以上的样本经过分析，才有足够的理由对题项进行删除或保留。剔除填写不全以及明显随意填答的无效问卷，最终获得93份可供分析的有效问卷,回收率100%,有效率90.2%。同时为提高问卷的回收率和有效率,本书对受试者发放微信小礼物。最后本书运用SPSS 23.0软件对有效预调研问卷进行项目分析、效度和信度分析,以删除不合格题项。

经过前期的筛选与团员了解,清楚知晓该旅行项目的行程安排中有奢侈品购物之旅的行程。绝大部分的团员均参与了该行程。且该旅行团属于高端精品旅行团,团员具有一定的奢侈品消费能力。确保其游学项目中,均有"奢侈品购物之旅"这一项游学项目,并且参与预调研的群体,全部参加了该项目。采用便利抽样的办法,抽选实施有效预调研。最后本书运用 SPSS23.0 软件对有效预调研问卷进行项目分析、效度和信度分析,以删除不合格题项。

4.5.4　描述性统计分析

对资料进行基础性的描述又称为描述性分析,其目的是对变量的基本特征进行描述。以便于掌握总的资料属性和质量。奢侈品调查问卷全部的变量、均值、标准盖、缺失值等,也涵盖在内。居于其次的是,使用频数的分析方式,来进行描述样本总体特征,包括性别、年纪、学历等。利用SPSS 23.0软件对102位预调研受试者的人口统计资料进行,预调研收集问卷阶段为在线群内发放问卷,一对一填答,收回后立即查看有无遗漏,所以回收率和有效率很高,如表4-12所示。

表4-12　预调研受试者个体基本特征(n=102)

变量	内容分类	频率	百分比（%）
年龄区间	16～25岁	17人	16.7
	26～35岁	46人	45.1
	36～45岁	21人	20.6
	46～60岁	15人	14.7
	60岁以上	3人	2.9
学历	高中及以下	20人	19.6
	专科	25人	24.5
	本科	49人	48.0
	研究生	7人	6.9
	研究生以上	1人	1.0

续表

变量	内容分类	频率	百分比（%）
工作性质	金领	8 人	7.8
	白领	54 人	52.9
	蓝领	13 人	12.7
	其他	27 人	26.5

工作性质根据知识层次、职业特点、职务高低、职场地位及薪酬高低进行划分。可以将职场人士划分为金领、白领、蓝领、其他（灰领等）这四种不同的层次。从年龄分布上来看，国内呈现不一样的特点，受限于出境游对语言等能力的要求，整体年龄层较美国本土客户年龄层更低，其中值得关注的是千禧一代成为一个新的聚焦点。预调研受试者中26~35岁所占比重最大，占整个样本45.1%，其次为36~45岁区间，所占比例最少的为60岁以上，这点与来奢侈品购物的人群大多为有一定消费能力的群体的特点相符合。

不同收入和职业的顾客对购物的思想性感知存在差异，不同年龄段顾客对购物感知存在显著差异，顾客满意度和顾客行为意向受到购物质量、购物体验的显著影响。从受教育程度上来看，大部分预调研受访者有一定的高等教育经历，其中48%的样本为本科，具备专科学历样本占24.5%，这一点与奢侈品大多顾客会基本的英文沟通，生活条件较好，有一定消费能力和文化水平的特点相符合。

4.5.5 项目分析

项目分析的主要作用是检验题项之间的鉴别度或可靠程度，主要通过检验样本中高分组和低分组对于每一题项作答时的差异来呈现。如果两者差异显著，表示该题项可以鉴别出不同组别的不同反映程度，应予以保留；反之，则应该删除该题项。本书运用SPSS 23.0软件对预调研样本分维度做项目分析，采用27和73分位作为高低分组的标准。即先将总分加总并由高到低排序，前27%的样本为高分组，后27%的样本为低分组，再将两组进行独立样本 t 检验以检验两者之间的差异是否具有显著性。

个人体验营销的项目分析结果见表4-13。各题项"平均值等同性 t 检验"显著性均小于0.05， t 值绝对值也均大于1.96，这表明高、低两组之间具有显著差异，所以个人体验营销的各题项暂时全部保留。

表4-13　个人体验营销维度项目分析结果

项目内容		方差同性检验		平均值等同性t检验		组别	样本数	平均值	标准差
		F	显著性	t	自由度				
2.1	假定等方差	19.67	0	−7.85	55	1	28	2.46	1.036
	不假定等方差			−7.769	40.313	2	29	4.17	0.539
2.2	假定等方差	0.733	0.396	−9.569	55	1	28	2.71	0.854
	不假定等方差			−9.505	46.961	2	29	4.55	0.572
2.3	假定等方差	0.242	0.625	−8.065	55	1	28	2.68	0.772
	不假定等方差			−8.049	53.813	2	29	4.24	0.689
2.4	假定等方差	0.852	0.36	−8.142	55	1	28	2.82	0.863
	不假定等方差			−8.098	49.41	2	29	4.45	0.632
2.5	假定等方差	6.973	0.011	−6.415	55	1	28	2.96	1.105
	不假定等方差			−6.34	37.372	2	29	4.41	0.501
2.6	假定等方差	1.216	0.275	−7.012	55	1	28	2.75	0.799
	不假定等方差			−6.994	53.328	2	29	4.14	0.693

社会体验营销的项目分析结果见表4-14。各题项"平均值等同性t检验"显著性均小于0.05，t值绝对值也均大于1.96，这表明高、低两组之间具有显著差异，所以社会体验营销的各题项暂时全部保留。

表4-14　社会体验营销维度项目分析结果

项目内容		同性检验		平均值等同性t检验				组别	个案数	平均值	标准差
		F	显著性	t	自由度	显著性	平均差				
3.4	假定等方差	7.097	0.01	−6.337	55	0	−1.459	1	28	2.68	1.020
	不假定等方差			−6.295	47.352	0	−1.459	2	29	4.14	0.693
3.5	假定等方差	13.035	0.001	−7.023	55	0	−1.624	1	28	2.89	1.133
	不假定等方差			−6.94	37.164	0	−1.624	2	29	4.52	0.509

项目内容		同性检验		平均值等同性t检验				组别	个案数	平均值	标准差
		F	显著性	t	自由度	显著性	平均差				
3.6	假定等方差	1.572	0.215	−7.454	55	0	−1.596	1	28	2.71	0.937
	不假定等方差			−7.409	48.368	0	−1.596	2	29	4.31	0.660
3.7	假定等方差	3.565	0.064	−6.489	55	0	−1.452	1	28	2.89	1.031
	不假定等方差			−6.434	43.719	0	−1.452	2	29	4.34	0.614
3.8	假定等方差	2.876	0.096	−7.622	55	0	−1.628	1	28	2.79	0.957
	不假定等方差			−7.568	46.384	0	−1.628	2	29	4.41	0.628

感知功能价值的项目分析结果见表4-15。感知功能价值各题项"平均值等同性t检验"显著性均小于0.05，t值绝对值也均大于1.96，这表明高、低两组之间具有显著差异，所以感知功能价值的各题项暂时全部保留。

表4-15　感知功能价值维度项目分析

项目内容		同性检验		平均值等同性t检验				组别	个案数	平均值	标准差
		F	显著性	t	自由度	显著性	平均差				
3.1	假定等方差	2.053	0.158	−7.425	55	0	−1.565	1	28	2.61	0.875
	不假定等方差			−7.398	51.997	0	−1.565	2	29	4.17	0.711
3.2	假定等方差	3.961	0.052	−7.38	55	0	−1.564	1	28	2.64	0.951
	不假定等方差			−7.327	46.193	0	−1.564	2	29	4.21	0.62
3.3	假定等方差	3.529	0.066	−7.609	55	0	−1.661	1	28	2.82	0.983
	不假定等方差			−7.553	45.878	0	−1.661	2	29	4.48	0.634

感知情绪价值的项目分析结果见表4-16。感知情绪价值各题项"平均值等同性t检验"显著性均小于0.05，t值绝对值也均大于1.96，这表明高、低两组之间具有显著差异，所以感知情绪价值的各题项暂时全部保留。

表4-16 感知情绪价值维度项目分析

项目内容		同性检验		平均值等同性t检验				组别	个案数	平均值	标准差
		F	显著性	t	自由度	显著性	平均差				
4.1	假定等方差	6.836	0.012	−7.501	55	0	−1.666	1	28	2.68	1.02
	不假定等方差			−7.439	43.99	0	−1.666	2	29	4.34	0.614
4.2	假定等方差	4.081	0.048	−9.277	55	0	−1.807	1	28	2.61	0.875
	不假定等方差			−9.210	46.081	0	−1.807	2	29	4.41	0.568
4.3	假定等方差	1.506	0.225	−9.935	55	0	−1.878	1	28	2.54	0.793
	不假定等方差			−9.894	51.42	0	−1.878	2	29	4.41	0.628
4.4	假定等方差	3.113	0.083	−6.281	55	0	−1.351	1	28	2.82	0.945
	不假定等方差			−6.243	48.063	0	−1.351	2	29	4.17	0.658

感知成本价值的项目分析结果见表4-17。感知成本价值各题项"平均值等同性t检验"显著性均小于0.05，t值绝对值也均大于1.96，这表明高、低两组之间具有显著差异，所以感知成本价值的各题项暂时全部保留。

表4-17 感知成本价值维度项目分析

项目内容		同性检验		平均值等同性t检验				组别	个案数	平均值	标准差
		F	显著性	t	自由度	显著性	平均差				
5.1	假定等方差	6.836	0.012	−7.501	55	0	−1.697	1	28	2.79	0.995
	不假定等方差			−7.439	43.990	0	−1.697	2	29	4.48	0.634

项目内容		同性检验		平均值等同性t检验				组别	个案数	平均值	标准差
		F	显著性	t	自由度	显著性	平均差				
5.2	假定等方差	4.081	0.048	−9.277	55	0	−1.736	1	28	2.64	0.826
	不假定等方差			−9.210	46.081	0	−1.736	2	29	4.38	0.494
5.3	假定等方差	1.506	0.225	−9.935	55	0	−1.489	1	28	2.82	0.723
	不假定等方差			−9.894	51.420	0	−1.489	2	29	4.31	0.604
5.4	假定等方差	3.113	0.083	−6.281	55	0	−1.491	1	28	2.75	1.076
	不假定等方差			−6.243	48.063	0	−1.491	2	29	4.24	0.739

感知社会价值分析结果见表4-18。可知感知社会价值各题项"平均值等同性t检验"显著性均小于0.05，t值绝对值也均大于1.96，这表明高、低两组之间具有显著差异，所以感知社会价值的各题项暂时全部保留。

表4-18 感知社会价值维度项目分析

项目内容		同性检验		平均值等同性t检验				组别	个案数	平均值	标准差
		F	显著性	t	自由度	显著性	平均差				
6.1	假定等方差	2.534	0.117	−7.834	55	0	−1.702	1	28	2.64	0.951
	不假定等方差			−7.787	48.343	0	−1.702	2	29	4.34	0.670
6.2	假定等方差	0.46	0.501	−8.964	55	0	−1.601	1	28	2.57	0.690
	不假定等方差			−8.956	54.627	0	−1.601	2	29	4.17	0.658
6.3	假定等方差	0.263	0.61	−10.605	55	0	−1.739	1	28	2.57	0.634
	不假定等方差			−10.596	54.608	0	−1.739	2	29	4.31	0.604

续表

项目内容		同性检验		平均值等同性t检验				组别	个案数	平均值	标准差
		F	显著性	t	自由度	显著性	平均差				
6.4	假定等方差	7.442	0.009	−9.277	55	0	−1.807	1	28	2.61	0.916
	不假定等方差			−9.188	41.508	0	−1.807	2	29	4.41	0.501

顾客奢侈品消费满意度的项目分析结果见表4-19。可知满意度各题项"平均值等同性t检验"显著性均小于0.05，t值绝对值也均大于1.96，这表明高、低两组之间具有显著差异，所以满意度的各题项暂时全部保留。

表4-19 顾客奢侈品消费满意度维度项目分析

项目内容		同性检验		平均值等同性t检验				组别	个案数	平均值	标准差
		F	显著性	t	自由度	显著性	平均差				
7.1	假定等方差	3.297	0.075	−8.509	55	0	−1.733	1	28	2.75	0.967
	不假定等方差			−8.423	40.555	0	−1.733	2	29	4.48	0.509
7.2	假定等方差	0.253	0.617	−8.334	55	0	−1.562	1	28	2.71	0.763
	不假定等方差			−8.310	52.974	0	−1.562	2	29	4.28	0.649
7.3	假定等方差	1.061	0.307	−8.618	55	0	−1.704	1	28	2.57	0.836
	不假定等方差			−8.580	50.942	0	−1.704	2	29	4.28	0.649
7.4	假定等方差	4.670	0.035	−6.629	55	0	−1.389	1	28	2.71	0.937
	不假定等方差			−6.583	46.518	0	−1.389	2	29	4.10	0.618
7.5	假定等方差	1.129	0.293	−9.848	55	0	−1.773	1	28	2.57	0.742
	不假定等方差			−9.815	52.413	0	−1.773	2	29	4.34	0.614

顾客奢侈品消费忠诚度的项目分析结果见表4-20。可知忠诚度各题项"平均值等同性*t*检验"显著性均小于0.05，*t*值绝对值也均大于1.96，这表明高、低两组之间具有显著差异，所以忠诚度的各题项暂时全部保留。

表4-20　顾客奢侈品消费忠诚度维度项目分析

项目内容		同性检验		平均值等同性*t*检验				组别	个案数	平均值	标准差
		F	显著性	*t*	自由度	显著性	平均差				
8.1	假定等方差	12.979	0.001	−8.858	55	0	−1.842	1	28	2.57	0.997
	不假定等方差			−8.764	39.508	0	−1.842	2	29	4.41	0.501
8.2	假定等方差	0.237	0.628	−8.496	55	0	−1.599	1	28	2.64	0.731
	不假定等方差			−8.487	54.517	0	−1.599	2	29	4.24	0.689
8.3	假定等方差	2.780	0.101	−10.969	55	0	−2.023	1	28	2.32	0.772
	不假定等方差			−10.925	51.504	0	−2.023	2	29	4.34	0.614
8.4	假定等方差	8.658	0.005	−7.519	55	0	−1.592	1	28	2.82	1.020
	不假定等方差			−7.437	39.006	0	−1.592	2	29	4.41	0.501
8.5	假定等方差	1.326	0.254	−7.962	55	0	−1.528	1	28	2.68	0.819
	不假定等方差			−7.924	50.294	0	−1.528	2	29	4.21	0.620

综上所述，经过项目分析，本次调研中所有变量的高、低分组之间均具有显著差异，所以全部题项暂时保留进入下一步分析。

4.5.6　预调研信效度分析

4.5.6.1　效度分析

项目分析之后，为检测量表的建构效度，需要进行因素分析，其目的在于减少题项，找出量表潜在结构，这种因素分析是一种探索性因素分析。进行因素分析前，需判断题项间是否适合进行分析。本书对单个变量逐个进行探索性因素分析，在Kmo值和Bartlett's球形检定符合标准的条件下，删除因素负荷量小于0.6的题项，最终分析结果见表4-21。

表4-21 单个变量探索性因素分析结果汇总表

题项	因素负荷量	KMO	Bartlett's球形检定		
			近似卡方	自由度	显著性
2.1	0.741	0.842	313.439	21	0
2.2	0.777				
2.3	0.754				
2.4	0.745				
2.6	0.707				
2.7	0.738				
2.8	0.81				
3.1	0.756	0.860	361.545	28	0
3.2	0.745				
3.3	0.752				
3.4	0.730				
3.5	0.743				
3.6	0.714				
3.7	0.763				
3.8	0.751				
4.1	0.781	0.753	126.405	6	0
4.2	0.776				
4.3	0.775				
4.4	0.723				
5.1	0.712	0.760	190.258	6	0
5.2	0.806				
5.3	0.786				
5.4	0.728				
6.1	0.742	0.760	124.534	6	0
6.2	0.823				
6.3	0.783				
6.4	0.818				
7.1	0.769	0.833	167.199	10	0
7.2	0.715				

题项	因素负荷量	KMO	Bartlett's 球形检定		
			近似卡方	自由度	显著性
7.3	0.794				
7.4	0.729				
7.5	0.829				
8.1	0.777	0.826	857.953	10	0
8.2	0.77				
8.3	0.811				
8.4	0.782				
8.5	0.767				

表4-21"题项"一栏中，"2.x"为体验情况，"3.x"为感知功能价值，"4.x"为感知情绪价值，"5.x"为感知成本价值，"6.x"为感知社会价值，"7.x"为满意度，"8.x"为忠诚度。

由表4-22可知，所有变量的KMO值在0.760和0.860之间，符合建议标准；Bartlett's球形检定显著性小0.05，表明适合进行探索性因素分析。在单个变量的探索性因素分析之后，将所有变量整体进行探索性因素分析。本书采用主成分法进行因素提取、特征值选择大于1、采用最大方差法进行旋转，将所有变量的问项全部选入进行探索式因素分析。根据探索性因素分析的结果，删除旋转后的成分矩阵中因素负荷量小于0.6的题项，同时对于交叉负荷量大于0.4的题项也予以删除。

表4-22　总方差解释表

成分	初始特征值			提取载荷平方和			旋转载荷平方和		
	总计（%）	方差（%）	累积（%）	总计（%）	方差（%）	累积（%）	总计（%）	方差（%）	累积（%）
1	17.327	46.83	46.83	17.327	46.83	46.83	5.499	14.861	14.861
2	1.857	5.02	51.85	1.857	5.02	51.85	5.186	14.016	28.877
3	1.397	3.776	55.626	1.397	3.776	55.626	3.895	10.528	39.405
4	1.284	3.47	59.096	1.284	3.47	59.096	3.627	9.802	49.207
5	1.11	3	62.095	1.11	3	62.095	2.472	6.68	55.887
6	0.978	2.644	64.74	0.978	2.644	64.74	2.325	6.282	62.17

续表

成分	初始特征值			提取载荷平方和			旋转载荷平方和		
	总计（%）	方差（%）	累积（%）	总计（%）	方差（%）	累积（%）	总计（%）	方差（%）	累积（%）
7	0.932	2.518	67.257	0.932	2.518	67.257	1.882	5.088	67.257
8	0.858	2.318	69.576						
9	0.793	2.144	71.72						
10	0.667	1.802	73.522						
11	0.612	1.654	75.176						
12	0.603	1.63	76.806						
13	0.577	1.559	78.365						
14	0.54	1.46	79.825						
15	0.506	1.368	81.193						
16	0.478	1.291	82.484						
17	0.454	1.226	83.71						
18	0.435	1.176	84.886						
19	0.424	1.146	86.033						
20	0.401	1.084	87.117						
21	0.395	1.069	88.186						
22	0.367	0.993	89.179						
23	0.353	0.955	90.134						
24	0.344	0.930	91.064						
25	0.324	0.877	91.941						
26	0.313	0.846	92.787						
27	0.307	0.830	93.617						
28	0.283	0.766	94.383						
29	0.277	0.748	95.131						
30	0.266	0.720	95.851						
31	0.257	0.696	96.547						
32	0.248	0.671	97.218						
33	0.232	0.626	97.844						
34	0.229	0.618	98.462						
35	0.205	0.554	99.017						
36	0.188	0.507	99.524						
37	0.176	0.476	100						

表4-22中的提取方法为主成分分析法。将所有变量进行探索性因子分析。

本书采用主成分法进行因子提取，提取固定因子，采用最大方差法进心旋转，将所有变量的问题项全部选入进行探索式因子分析。由表可知，KMO值为0.964且Bartlett's球形检定显著性小于0.05，这表明适合进行因子分析。旋转后的成分矩阵显示，一共提取了和本书模型相同的5个因子，这5个因子累积解释了67.257%的方差，大于50%。这说明题项也具备很好的解释能力，同时所有题项因子载荷量大于0.5。

综上所述，经过效度分析之后，个人体验营销、社会体验营销感知功能价值、感知情绪价值、感知成本价值、感知社会价值、顾客奢侈品消费满意度、顾客奢侈品消费忠诚度等题项暂时保留进入下一步分析。

4.5.6.2 信度分析

问卷一定要具有可信度，而衡量的标准叫作信度。信度主要是比对一致性、一贯性、再现性、稳定性，一般分为内在与外在的两种信度分析。本次调研所使用的数据均为本书作者所收集的一手数据，由于并不清楚所用到的问卷是否满足研究需要，因此本书作者在正式研究之前，收集了55份问卷进行预调查，以对问卷进行信度和效度分析。

信度分析常用的方法以内部一致性系数（Cronbach's α）作为评判标准，尤其在社会科学研究领域中更是如此，最常用的是信度系数法。

因此，本书中对于量表的信度分析采用Cronbach's α作为评判标准，采用李克特五级量表对受访者态度进行考察。对于Cronbach's α系数的最小可接受的值，社会科学研究领域中没有一致的看法。有学者认为0.7以上为最低可接受值，也有学者认为0.8是最低的可接受值。除此之外，项间相关性系数和修正后项目总相关系数（Corrected Item–Total Correlation，简称CITC）也是评判量表题项质量的重要标准。

在进行信度分析时，本书根据两个准则确定是否删除题项以提高信度：一是相关系数接近0的题项；二是删除该题项后，分量表的α系数若提高，可以考虑删除该题项。

本次调研中，信度检验内部一致性系数采用的最低可接受值为0.7，同时对于项间相关性系数小于0.3的题项以及修正后项目总相关系数小于0.5的题项，综合考虑是否删除。体验营销信度检验如表4–23所示，其内部一致性系数为

0.873，高于0.7的最低可接受值，项间相关性系数均高于0.3的标准，同时修正后项目总相关系数也均高于0.5的标准，全部题项予以保留。

表4-23　体验营销检验内部一致性

题项	2.1	2.2	2.3	2.4	2.5	2.6	2.7	CITC	Cronbach's α
2.1	1	0.463	0.55	0.378	0.555	0.454	0.524	0.856	
2.2	0.463	1	0.391	0.629	0.423	0.589	0.585	0.851	
2.3	0.55	0.391	1	0.393	0.494	0.493	0.654	0.854	
2.4	0.378	0.629	0.393	1	0.442	0.539	0.549	0.856	0.873
2.5	0.555	0.423	0.494	0.442	1	0.38	0.476	0.861	
2.6	0.454	0.589	0.493	0.539	0.38	1	0.449	0.857	
2.7	0.524	0.585	0.654	0.549	0.476	0.449	1	0.845	

功能价值信度检验如表4-24所示，其内部一致性系数为0.885，高于0.7的最低可接受值，项间相关性系数均高于0.3的标准，同时修正后项目总相关系数也均高于0.5的标准，所以保留全部题项。

表4-24　功能价值检验内部一致性

题项	3.1	3.2	3.3	3.4	3.5	3.6	3.7	3.8	CITC	Cronbach's α
3.1	1	0.432	0.495	0.465	0.655	0.414	0.549	0.48	0.869	
3.2	0.432	1	0.474	0.445	0.457	0.583	0.485	0.564	0.87	
3.3	0.495	0.474	1	0.401	0.508	0.393	0.615	0.581	0.87	
3.4	0.465	0.445	0.401	1	0.492	0.551	0.498	0.508	0.872	
3.5	0.655	0.457	0.508	0.492	1	0.389	0.468	0.451	0.871	0.885
3.6	0.414	0.583	0.393	0.551	0.389	1	0.484	0.459	0.874	
3.7	0.549	0.485	0.615	0.498	0.468	0.484	1	0.428	0.868	
3.8	0.48	0.564	0.581	0.508	0.451	0.459	0.428	1	0.869	

情绪价值信度检验如表4-25所示，其内部一致性系数为0.805，高于0.7的最低可接受值，项间相关性系数均高于0.3的标准，同时修正后项目总相关系数也均高于0.5的标准，所以全部题项予以保留。

表4-25 情绪价值检验内部一致性

题项	4.1	4.2	4.3	4.4	CITC	Cronbach's α
4.1	1	0.454	0.555	0.47	0.766	
4.2	0.454	1	0.58	0.556	0.739	
4.3	0.555	0.58	1	0.43	0.74	0.805
4.4	0.47	0.556	0.43	1	0.771	

成本价值信度检验如表4-26所示，其内部一致性系数为0.753，高于0.7的最低可接受值，项间相关性系数均高于0.3的标准，同时修正后项目总相关系数也均高于0.5的标准，所以全部题项予以保留。

表4-26 成本价值检验内部一致性

题项	5.1	5.2	5.3	5.4	CITC	Cronbach's α
5.1	1	0.471	0.404	0.318	0.722	
5.2	0.471	1	0.497	0.446	0.653	
5.3	0.404	0.497	1	0.462	0.675	0.753
5.4	0.318	0.446	0.462	1	0.712	

社会价值信度检验如表4-27所示，其内部一致性系数为0.802，高于0.7的最低可接受值，项间相关性系数均高于0.3的标准，同时修正后项目总相关系数也均高于0.5的标准，全部题项予以保留。

表4-27 社会价值检验内部一致性

题项	6.1	6.2	6.3	6.4	CITC	Cronbach's α
6.1	1	0.452	0.5	0.436	0.78	
6.2	0.452	1	0.494	0.638	0.732	
6.3	0.5	0.494	1	0.496	0.753	0.802
6.4	0.436	0.638	0.496	1	0.736	

满意度信度检验如表4-28所示，其内部一致性系数为0.826，高于0.7的最低可接受值，项间相关性系数均高于0.3的标准，同时修正后项目总相关系数也均高于0.5的标准，所以全部题项予以保留。

表4-28　满意度检验内部一致性

题项	7.1	7.2	7.3	7.4	7.5	CITC	Cronbach's α
7.1	1	0.426	0.49	0.402	0.62	0.792	
7.2	0.426	1	0.449	0.451	0.462	0.808	
7.3	0.49	0.449	1	0.502	0.587	0.782	0.826
7.4	0.402	0.451	0.502	1	0.473	0.804	
7.5	0.62	0.462	0.587	0.473	1	0.768	

忠诚度信度检验如表4-29所示，其内部一致性系数为0.840，高于0.7的最低可接受值，项间相关性系数均高于0.3的标准，同时修正后项目总相关系数也均高于0.5的标准，所以全部题项予以保留。

表4-29　忠诚度检验内部一致性

题项	8.1	8.2	8.3	8.4	8.5	CITC	Cronbach's α
8.1	1	0.433	0.627	0.459	0.512	0.808	
8.2	0.433	1	0.476	0.601	0.504	0.812	
8.3	0.627	0.476	1	0.526	0.52	0.796	0.840
8.4	0.459	0.601	0.526	1	0.467	0.808	
8.5	0.512	0.504	0.52	0.467	1	0.812	

经过预调研检验之后，题目符合统计学分析要求，最终形成正式问卷用于正式调研。

05

奢侈品消费的
实证分析

正式调研阶段，本书作者采用微信群内直接发放问卷的方式，并一对一等待受试者本人填写完成。收回后立即查看有无遗漏，所以问卷回收率和有效率很高。共发放460份问卷，回收449份，问卷的总回收率是97.6%。研究者在问卷回收之后就立刻开始筛选，筛选过程中注意剔除无效问卷。最终，研究者得到的有效问卷是442份。回收结果表明，问卷有效率为98.4%。样本数量为442份问卷，符合结构方程模型初始设计时对于样本量的最低要求（吴明隆，2013）。问卷回收之后，根据问卷的真实填答绘制成Excel表格，形成最终的资料进行统计分析。本章根据问卷SPSS 23.0和AMOS 24.0进行实证数据分析，其内容包括以下几个方面：第一，描述性统计分析；第二，测量模型和结构模型检验；第三，验证本书所提出的假设；第四，方差分析。

5.1

描述性统计分析

利用SPSS 23.0软件对442位受试者的人口统计资料进行整理，如表5-1所示。

表5-1　基本情况的样本描述

基本情况		计数（人）	占比（%）
性别	男	103	23.3
	女	339	76.7
年龄	16～25岁	80	18.1
	26～35岁	213	48.2
	36～45岁	106	24.0
	46～60岁	33	7.5
	61岁及以上	10	2.3

基本情况		计数（人）	占比（%）
学历	高中及以下	49	11.1
	专科	96	21.7
学历	本科	240	54.3
	硕士研究生	48	10.9
	硕士研究生以上	9	2.0
工作性质	金领	59	13.3
	白领	225	50.9
	蓝领	87	19.7
	其他	71	16.1

问卷中设置的相关基本信息，主要包括受访者的收入、年龄、学历及工作性质，主要用于了解奢侈品消费人群的特征和特点。

5.1.1 样本性别统计

在回收的有效调查问卷中，男性顾客为103位，占总体23.3%；女性顾客为339位，占总体76.7%，可以看出女性是这类购物旅行团的主力（表5-2）。

表5-2 样本性别统计

性别	顾客数量（人）	占比（%）
男	103	23.3
女	339	76.7
总计	442	100

在回收的有效调查问卷中，从年龄看，奢侈品的消费人群年龄主要集中在16～45岁，这个阶段的人群构成其消费主力，总体占比为90.3%，其中26～35岁群体的比例最高，主要是年轻群体对于奢侈品的追求热度更高，因此对于奢侈品店的光顾次数多。其次是36～45岁的群体，占24%；往后是16～25岁的群体，占18.1%；46～60岁，占7.5%；61岁以上的群体占2.3%（表5-3）。

表5-3　样本年龄统计

年龄	频率（人）	百分比（%）	累计百分比（%）
16～25岁	80	18.1	19.7
26～35岁	213	48.2	66.3
36～45岁	106	24.0	90.3
46～60岁	33	7.5	97.8
61岁	10	2.3	100
总计	442	100	

5.1.2　样本受教育程度统计

在回收有效的调查问卷样本中，本科学历的人群占最多数，占样本总量的54.3%；再次是专科学历群体，占样本总量的21.7%；剩余分别为硕士研究生群体，占样本总量的10.9%；高中及以下的人群，占样本总量的11.1%；博士群体占样本总量的2.0%（表5-4）。

表5-4　样本受教育程度统计

学历	频率（人）	百分比（%）	累计百分比（%）
高中及以下	49	11.1	11.1
专科	96	21.7	32.8
本科	240	54.3	87.1
研究生	48	10.9	98.0
研究生以上	9	2.0	100
总计	442	100	

5.1.3　样本职业统计

受试者中职业为白领的占最多数，占样本统计的50.9%，职业为蓝领的占样本统计的19.7%，金领的为最少数，占比是13.3%（表5-5）。

表5-5　样本职业统计

职业	频率（人）	百分比（%）	累计百分比（%）
金领	59	13.3	13.3
白领	225	50.9	64.3
蓝领	87	19.7	83.9
其他	71	16.1	100
总计	442	100	

依据描述性统计分析，除对受试者人口统计数据进行整理之外，还要对变量中各题项进行分析。

对变量中各题项的分析主要从均值、标准偏差、变量内均值排名、均值总排名和各变量均值几个方面分析。由分析结果可知，各题项的平均值都在3.8以上，各维度的平均分较为一致，都在3.95左右，可见顾客在奢侈品消费时，对商场商品、感知情绪价值等各个方面都有所要求，并比较看重；其中感知功能价值的购买意向最高，为3.990；其次是感知成本价值的购买意愿均值，达到3.978，可见奢侈品店的顾客对其商品层面是较为看重的；再次，体验情况达到3.969，可见对于线下商场，感知情绪价值也是其中重要的一环；最后，忠诚度最低，为3.918，说明顾客的购物选择较多，奢侈品不可替代性较低，没有培养起用户较高的忠诚度。

问卷中各题项的标准偏差如果不够大，就不容易区分。由表5-6可知，各题项的标准偏差均大于0.75，说明各题项标准偏差足够大，适合进一步分析。

表5-6　各变量现状统计

题项	最小值	最大值	平均值	标准差	变量内排序	总排序	变量平均值
2.1	1	5	4.03	1.026	1	4	
2.2	1	5	3.8	0.983	7	37	
2.3	1	5	4	0.931	3	13	
2.4	1	5	4	0.971	3	13	3.969
2.5	1	5	4.03	14	1	4	
2.6	1	5	3.95	0.967	6	19	
2.7	1	5	3.97	0.974	5	18	

续表

题项	最小值	最大值	平均值	标准差	变量内排序	总排序	变量平均值
3.1	1	5	4.09	0.967	1	1	
3.2	1	5	3.94	0.925	6	21	
3.3	1	5	4	0.92	5	13	
3.4	1	5	3.91	0.965	8	30	3.990
3.5	1	5	4.03	0.961	2	4	
3.6	1	5	3.93	0.933	7	26	
3.7	1	5	4.01	0.925	3	10	
3.8	1	5	4.01	0.943	3	10	
4.1	1	5	4.04	1.027	1	2	
4.2	1	5	3.92	0.971	4	29	3.958
4.3	1	5	3.94	0.95	2	21	
4.4	1	5	3.93	0.934	3	26	
5.1	1	5	4.04	1.012	1	2	
5.2	1	5	3.9	0.956	4	32	3.978
5.3	1	5	4.02	0.91	2	9	
5.4	1	5	3.95	0.942	3	19	
6.1	1	5	4	1.031	1	13	
6.2	1	5	3.85	0.977	4	35	3.935
6.3	1	5	3.99	0.975	2	17	
6.4	1	5	3.9	0.991	3	32	
7.1	1	5	4.03	1.011	1	4	
7.2	1	5	3.91	0.964	5	30	
7.3	1	5	4.01	0.933	2	10	3.966
7.4	1	5	3.94	0.943	3	21	
7.5	1	5	3.94	0.952	3	21	
8.1	1	5	4.03	1	1	4	
8.2	1	5	3.86	0.959	4	34	
8.3	1	5	3.94	0.972	2	21	3.918
8.4	1	5	3.93	0.965	3	26	
8.5	1	5	3.83	0.953	5	36	

5.2

正态分布检验

本次调研中验证性因素分析和结构方程模型检验均采用最大概似法来估计参数，这一方法使用的一个前提条件是样本数据须为正态分布。首先，对所有题项的偏态和峰度进行检测，若两者的绝对值均分别小于3和10，则符合单变量正态分布；其次，对样本数据进行多变量正态分布的检验，若mardia系数小于5，则样本数据为多元常态分布。

由表5-7可知，各题项的偏态和峰度均在要求范围内，符合单变量常态分布。变量是否符合正态分布，为选择统计方法的前提条件。因此，首先利用偏度系数，以及峰度的系数，检验问项分布的正态性。测评的结果也同时反映了问卷各问项的偏态和分度均在要求范围内，基本符合正态分布，可展开下一步的分析。最大概似法对于非多元常态分布的样本资料的分析时具有强韧性，也有很多研究表明最大概似法可以在样本数据非多元常态分布时进行分析。因此，本次调研在进一步分析中依然采用最大概似法。

表5-7　样本数据正态分布检验结果

因素	偏度	峰度
奢侈品店服务质量较高让人印象深刻	−1.206	1.28
奢侈品店推出的活动符合我的个性和兴趣	−0.476	−0.163
奢侈品店的商品物超所值，性价比高	−1.059	1.254
奢侈品店的装修设计很有特色	−0.895	0.534
奢侈品店的服务人员沟通较为高效	−1.031	0.762
奢侈品店有丰富的商品体验项目	−0.798	0.328
奢侈品店的购物环境十分舒适，包括灯光音乐等	−1.049	1.068
奢侈品店的产品种类/组合齐全	−1.013	0.705
在奢侈品店购物可以方便快捷地获得商品和服务信息	−0.794	0.606

因素	偏度	峰度
奢侈品店的硬件设施优良	−0.821	0.445
参加奢侈品店会员聚会等活动让我结识了更多的朋友	−0.724	0.216
奢侈品店能够给我愉悦的交流氛围	−0.946	0.698
在奢侈品店购物符合我的社会身份	−0.731	0.291
奢侈品店具有适应不同阶层顾客的商品	−0.956	16
我习惯和朋友一起来奢侈品店购物	−1.029	1.162
来奢侈品店购物具有新奇感，可以体验新事物、新商品	−1.065	0.779
奢侈品店给我的整体感觉很温馨	−0.861	0.664
在奢侈品店购物能够让我忘掉烦恼和压力	−0.861	0.56
奢侈品店铺的导购服务专业	−0.765	0.49
奢侈品店提供的服务是价有所值的	−1.01	0.663
我觉得在奢侈品店所购的同等质量的商品与其他商场相比具价格优势	−0.932	0.952
奢侈品店商品的促销力度大，能够为我节省不少费用	−0.93	0.987
节假日期间奢侈品会推出优惠活动	−0.875	0.712
这次的购物体验让我赢得了别人的羡慕	−0.98	0.582
我觉得在奢侈品店购物能够彰显我的品位	−0.66	0.112
与亲人朋友一起在奢侈品店购物加深了感情	−0.975	0.739
在奢侈品店购物增加了别人对我的好印象	−0.815	0.497
我认为在奢侈品消费是正确的决定	−0.982	0.505
我认为奢侈品比我期望中的要好	−0.708	0.134
相较其他零售店，奢侈品店中的消费更加实惠	−0.986	13
奢侈品店能够及时处理投诉信息	−0.761	0.346
奢侈品店能够提供给我真实有效的购物信息	−0.869	0.627
我会与他人分享我在奢侈品店的购物体验	−1.017	0.763
我会向他人推荐去奢侈品店购物	−0.67	0.171
只要我能承受，即使奢侈品店不降价促销，我还是会继续选择去该店购物	−0.954	0.771
优惠券、积分等行为能够促进我在奢侈品店消费	−0.771	0.294
在奢侈品店购物是因为没有其他可替代	−0.793	0.515

因素	偏度	峰度
您的性别	0.082	−22
您的年龄段	0.542	0.694
您的最高学历	−0.212	0.192
您的月均收入	0.223	−0.76
您的工作性质	0.455	−0.607

5.3

共同方法变异检验

共同方法变异（Common Method Variance，简称CMV）指在收集数据时，由同一个方法、测量环境、语境和受试者而产生预测变量与效标变量之间的人为共变，这种共变是种系统性误差，称共同方法偏差（Common Method Bias，简称CMB），其在心理行为学方面，以采用问卷形式收集数据的研究普遍存在。共同方法变异存在会严重影响研究中的变量效度，所以本书从事前控制和事后检定两个方面对CMV进行控制。事前控制主要表现在问卷编排方面，包括向受试者承诺保密个人数据、隐匿各变量名称（以英文缩写代替）以及保持问项简明易懂三个方面。在事后检定方面本书采用单因素法（Harman）进行CMV的检验。该种方法是将所有题项进行未旋转的探索性因素分析，如果软件仅仅抽取一个因素或者第一个因素解释了超过50%的方差，则表明该份资料存在共同方法偏差。

本研究利用Harman单因素法检验结果，将所有量表所测量的题目放入因子分析，第一个解释量是46.830%，没有超过50%，因此本次问卷的共同方CMV的偏差不严重（表5-8）。

表5-8　Harman单因素法CMV检验结果

成分	初始特征值			成分	初始特征值		
	总计	方差百分比	累积%		总计	方差百分比	累积%
1	17.327	46.83	46.83	20	0.401	1.084	87.117
2	1.857	5.02	51.85	21	0.395	1.069	88.186
3	1.397	3.776	55.626	22	0.367	0.993	89.179
4	1.284	3.47	59.096	23	0.353	0.955	90.134
5	1.110	3	62.095	24	0.344	0.93	91.064
6	0.978	2.644	64.74	25	0.324	0.877	91.941
7	0.932	2.518	67.257	26	0.313	0.846	92.787
8	0.858	2.318	69.576	27	0.307	0.83	93.617
9	0.793	2.144	71.72	28	0.283	0.766	94.383
10	0.667	1.802	73.522	29	0.277	0.748	95.131
11	0.612	1.654	75.176	30	0.266	0.72	95.851
12	0.603	1.63	76.806	31	0.257	0.696	96.547
13	0.577	1.559	78.365	32	0.248	0.671	97.218
14	0.540	1.46	79.825	33	0.232	0.626	97.844
15	0.506	1.368	81.193	34	0.229	0.618	98.462
16	0.478	1.291	82.484	35	0.205	0.554	99.017
17	0.454	1.226	83.71	36	0.188	0.507	99.524
18	0.435	1.176	84.886	37	0.176	0.476	100
19	0.424	1.146	86.033				

5.4

探索性因素分析

在样本中找出具有共同属性的数据称为探索性因子分析法。探索性因子分析法可为提出假设、构建理论框架提供帮助。把众多关系密切的题项组合成数目较少的共同因素，可更好地描述问项变化，还可简化问项。本次调研运用主成分分析法、最大方差数法，共同进行因子分析，以特征值大于1的因素个数为评估标准。

筛选变量的要点在于，首先删除由一个间项自成的因子，因为其内部缺乏一致性。其次问项必须大于0.5的因子负荷量才具效度，反之删除。最后每个问项对应的因子需靠近1，其他因子的负荷靠近0。符合以上条件才有区别效度。假设问项大于0.5，或所有因子负荷量都小于0.5，那么就要删除问题。在KMO值和Bartlett's球形检定符合标准的条件下，本次调研对单个变量逐个进行探索性因素分析。同时，由表5-9可知，所有变量的KMO值在0.797~0.867，大部分变量的KMO值符合Spicer（2005）的建议标准；Bartlett's球形检定显著性小于0.05，表明适合进行探索性因素分析。经过单个变量的探索性因素分析，所有题项的因素负荷量在0.764~0.853，也符合标准。

表5-9　变量探索性因素分析结果汇总表

题项	因素负荷量	KMO	Bartlett's球形检定		
			近似卡方	自由度	显著性
奢侈品店的购物环境十分舒适，包括灯光音乐等	0.850	0.933	1753.991	210	0
奢侈品店的商品物超所值，性价比高	0.829				
奢侈品店有丰富的商品体验项目	0.825				
奢侈品店服务质量较高，让人印象深刻	0.801				
奢侈品店的服务人员沟通较为高效	0.792				
奢侈品店的装修设计很有特色	0.789				
奢侈品店推出的活动符合我的个性和兴趣	0.769				
我习惯和朋友一起来奢侈品店购物	0.786	0.932	1754.702	28	0
参加奢侈品会员聚会等活动让我结识更多朋友	0.779				
奢侈品店的硬件设施优良	0.776				
在奢侈品店购物可方便快捷地获得商品和服务信息	0.773				
在奢侈品店购物符合我的社会身份	0.772				
奢侈品店具有适应不同阶层顾客的商品	0.770				

续表

题项	因素负荷量	KMO	Bartlett's 球形检定		
			近似卡方	自由度	显著性
奢侈品店能够给我愉悦的交流氛围	0.769				
奢侈品商场的产品种类/组合齐全	0.764				
奢侈品店给我的整体感觉很温馨	0.853	0.817	719.709	6	0
在奢侈品店购物能够让我忘掉烦恼和压力	0.846				
奢侈品店的导购人员服务周到	0.827				
来奢侈品店购物具有新奇感，可体验新事物、新商品	0.787				
奢侈品促销力度较大，能为我节省不少费用	0.858	0.797	672.952	6	0
我觉得在奢侈品店所购的同等质量的商品与其他商场相比具有价格优势	0.854				
节假日期间奢侈品店会推出优惠活动	0.780				
奢侈品店提供的服务是价有所值的	0.772				
我觉得在奢侈品店购物能够彰显我的品位	0.867	0.824	826.463	6	0
在奢侈品店购物增加了别人对我的好印象	0.855				
与亲人朋友一起在奢侈品店购物加深了感情	0.850				
这次的购物体验让我赢得了别人的羡慕	0.807				
奢侈品店能够提供给我真实有效的购物信息	0.846	0.879	1101.583	10	0
相较其他零售店，在奢侈品店消费更加实惠	0.846				
奢侈品店能够及时处理投诉信息	0.830				
我认为奢侈品比我期望中的要好	0.813				
我认为在奢侈品店消费是正确的决定	0.794				
只要我能承受，即使奢侈品店不降价促销，我还是会继续选择去该店购物	0.843	0.868	999.893	10	0
在奢侈品店购物是因为没有其他可替代	0.814				
我会向他人推荐去奢侈品店购物	0.813				

题项	因素负荷量	KMO	Bartlett's球形检定		
			近似卡方	自由度	显著性
优惠券、积分等行为能够促进我在奢侈品店消费	0.799				
我会与他人分享我在奢侈品店的购物体验	0.791				

为了进一步验证本次调研中量表的潜在结构，需要将所有变量整体进行探索性因素分析。因此，本次调研采用主成分法进行因素提取，特征值采用最大方差法进行旋转，将所有变量的问项全部选入进行探索式因素分析，分析结果如表5-10所示。

表5-10　正式调研探索式因素分析

题项	成分						
	1	2	3	4	5	6	7
2.1		0.692					
2.2		0.587					
2.3		0.744					
2.4		0.698					
2.5		0.711					
2.6		0.753					
2.7		0.727					
3.1	0.662						
3.2	0.589						
3.3	0.657						
3.4	0.632						
3.5	0.661						
3.6	0.584						
3.7	0.663						
3.8	0.604						
4.1						0.605	
4.2						0.643	

续表

题项	成分						
	1	2	3	4	5	6	7
4.3						0.566	
4.4						0.651	
5.1					0.623		
5.2					0.613		
5.3					0.644		
5.4					0.676		
6.1					0.618		
6.2					0.522		
6.3					0.623		
6.4					0.515		
7.1				0.640			
7.2				0.599			
7.3				0.716			
7.4				0.692			
7.5				0.682			
8.1			0.502				
8.2			0.641				
8.3			0.617				
8.4			0.713				
8.5			0.645				

注　1. 提取方法：主成分分析法。旋转方法：凯撒正态化最大方差法。a.旋转在8次迭代后已收敛。

2. KMO和Bartlett's球星检定：KMO=0.964；近似卡方=11017.338，自由度=666，显著性=0。

本次调研采用主成分法进行因子提取，提取7个固定因子，采用最大方差法进行旋转，将所有变量的问题项全部选入进行探索式因子分析旋转后的成分矩阵显示，由表5-10可知，KMO值为0.964且Bartlett's球形检定显著性小于0.05，这表明适合进行因素分析。旋转后的成分矩阵显示，一共提取了和本次调研模型相同的5个因素，这5个因素累积解释了67.257%的方差，大于50%，说明题项是符合要求的，也具备很好的解释能力；同时所有题项因素负荷量均大于0.6，交叉负荷量亦均小于0.4，表明资料适合做下一步分析。

5.5

验证性因素分析

对于结构方程模型的分析应当采用两步法，即首先进行验证性因素分析（Confirmatory Factor Analysis，简称CFA），再进行结构模型的分析。验证性因素分析是结构方程模型中的重要一员，其对于测量模型的信效度检验具有重要作用。众多案例表明，结构模型的问题往往是由测量模型的问题导致的，而测量模型的问题可以通过验证性因素分析进行识别和解决。因此，本次调研运用Amos 24.0中最大概似法进行验证性因素分析。

在对验证性因素分析结果进行分析之前，需要对模型配适度进行评判。模型配适度反映的是研究模型期望共变异数矩阵与样本共变异数矩阵的一致程度，配适度越好表明模型与样本越接近。模型配适度一般分为绝对配适度、增值配适度和简约配适度三种。其中卡方值是衡量模型配适度的一个重要标准，但是其很容易受到样本量的影响，当样本量超过200时，便不具备检验作用了。所以本书选取卡方值（CMIN）、自由度、卡方自由度比（CMIN/DF）、RMSEA、GFI、AGFI、CFI、TLI 和 NFI 作为衡量模型配适度的指标，具体标准及来源见表5-11。

表5-11　模型配适度结果

模型拟合度	参考标准	模型拟合度	参考标准
CMIN	越小越好	GFI	>0.9
DF	越大越好	AGFI	

续表

模型拟合度	参考标准	模型拟合度	参考标准
CMIN/DF	Between 1 and 3	CFI	>0.95
RMSEA	<0.07	TLI	
		NFI	>0.9

采用AMOS 24.0中最大概似法对体验营销各维度进行验证性因素分析，分析结果表明，因素负荷量在0.72～0.82，符合要求，组成信度和平均方差萃取量也均达到要求，卡方自由度比值没有超过建议值，表明体验营销模型适合度达到要求（表5-12）。所有题项保留进入整体模型验证性因素分析。

表5-12　体验营销验证性因素分析

题项	标准化因素负荷量	SMC	CR	AVE	模型配适度
个人体验营销1	0.764	0.584			
个人体验营销2	0.722	0.521			Chi-square=22.073；
个人体验营销3	0.799	0.638			DF=14；Chi-square\14=1.577；
个人体验营销4	0.746	0.557	0.912	0.597	P=0.077；GFI=0.986；
个人体验营销5	0.75	0.563			AGFI=0.971；
个人体验营销6	0.793	0.629			CFI=0.995；
个人体验营销7	0.828	0.686			RMSEA=0.036；
社会体验营销1	0.758	0.575			Chi-square=27.113；
社会体验营销2	0.75	0.563			DF=5；Chi-square\5=5.423；P=0；
社会体验营销3	0.749	0.561	0.859	0.549	GFI=0.976；
社会体验营销4	0.716	0.513			AGFI=0.927；CFI=0.976；
社会体验营销5	0.73	0.533			RMSEA=0.1；

采用AMOS 24.0中最大概似法对感知价值各维度进行验证性因素分析，分析结果表明，因素负荷量在0.69～0.82，符合要求，组成信度和平均方差萃取量

也均达到要求，卡方自由度比值没有超过建议值，表明体验营销模型适合度达到要求（表5-13）。所有题项保留进入整体模型验证性因素分析。

表5-13 感知价值验证性因素分析

题项	标准化因素负荷量	SMC	CR	AVE	模型配适度
功能价值1	0.728	0.53	0.786	0.55	Chi-square=0.000；DF=0；
功能价值2	0.754	0.569			Chi-square0=\cmindf；P=\p；
功能价值3	0.743	0.552			GFI=10；AGFI=\agfi；
					CFI=\cfi；RMSEA=\rmsea
功能价值1	0.728	0.53	0.786	0.55	
情绪价值1	0.694	0.482	0.849	0.584	Chi-square=2.996；DF=2；
情绪价值2	0.804	0.646			Chi-square\2=1.498；
情绪价值3	0.792	0.627			P=0.224；GFI=0.997；
情绪价值4	0.763	0.582			AGFI=0.983；CFI=0.999；
					RMSEA=0.034
成本价值1	0.674	0.454	0.836	0.561	Chi-square=9.531；DF=2；
成本价值2	0.805	0.648			Chi-square\2=4.766；
成本价值3	0.817	0.667			P=0.009；GFI=0.989；
成本价值4	0.69	0.476			AGFI=0.994；CFI=0.989；
					RMSEA=0.092
社会价值1	0.72	0.518	0.867	0.62	Chi-square=5.391；DF=2；
社会价值2	0.824	0.679			Chi-square\2=2.696；
社会价值3	0.793	0.629			P=0.067；GFI=0.994；
社会价值4	0.809	0.654			AGFI=0.970；CFI=0.996；
					RMSEA=0.062

采用AMOS 24.0中最大概似法对满意度与忠诚度进行验证性因素分析，分析结果表明，因素负荷量在0.73~0.8，符合要求，组成信度和平均方差萃取量也均达到要求，卡方自由度比值没有超过建议值，组成信度和平均方差萃取量也均达到要求，表明体验营销模型适合度达到要求（表5-14）。所有题项保留进入整体模型验证性因素分析。

表5-14 满意度忠诚度验证性因素分析

题项	标准化因素负荷量	SMC	CR	AVE	模型配适度
满意度1	0.725	0.526	0.884	0.604	
满意度2	0.752	0.566			Chi-square=9.682；DF=5；Chi-square\5=1.936；P=0.085；GFI=0.991；AGFI=0.974；CFI=0.996；RMSEA=0.046
满意度3	0.808	0.653			
满意度4	0.787	0.619			
满意度5	0.809	0.654			
忠诚度1	0.731	0.534	0.871	0.575	
忠诚度2	0.756	0.572			Chi-square=16.958；DF=5；Chi-square\5=3.392；P=0.005；GFI=0.984；AGFI=0.953；CFI=0.988；RMSEA=0.074
忠诚度3	0.806	0.65			
忠诚度4	0.739	0.546			
忠诚度5	0.758	0.575			

将所有变量及题项纳入分析范围，同时建立变量之间的相关，进行验证性因素分析，分析结果如图5-1所示。

由图5-2可知，整体测量模型的卡方值为1382.059，自由度为601，卡方自由度比为2.3，符合博伦（Bollen）所建议的1~3的标准；RMSEA为0.054，小于0.07；GFI和AGFI大于0.8的标准。此外，CFI、NFI和TLI也均符合各自的最低要求。所以，由此判断本次调研的整体测量模型配适度较好，模型和样本之间比较接近；同时各测量题项的因素负荷量达到了0.6的最低要求。整体测量模型无须进行修正，可以进行下一步资料分析。

个人体验营销=PEM；社会体验营销=SEM；感知功能价值=PFV；感知情绪价值=PEV；感知成本价值=PCV；感知社会价值=PSV；消费满意度=CS；消费忠诚度=CL。

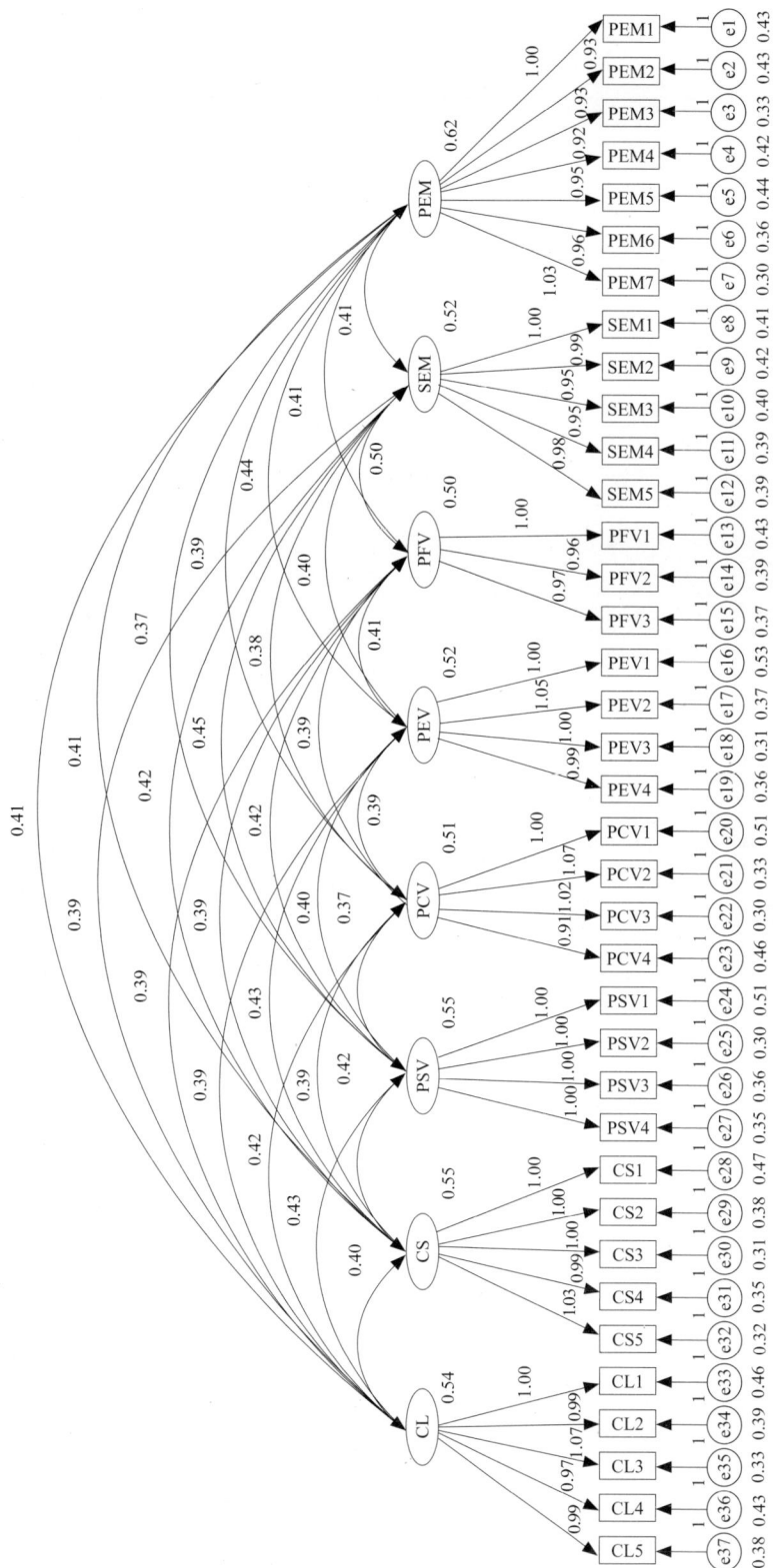

图 5-1 非标准化整体测量模型验证性因素分析

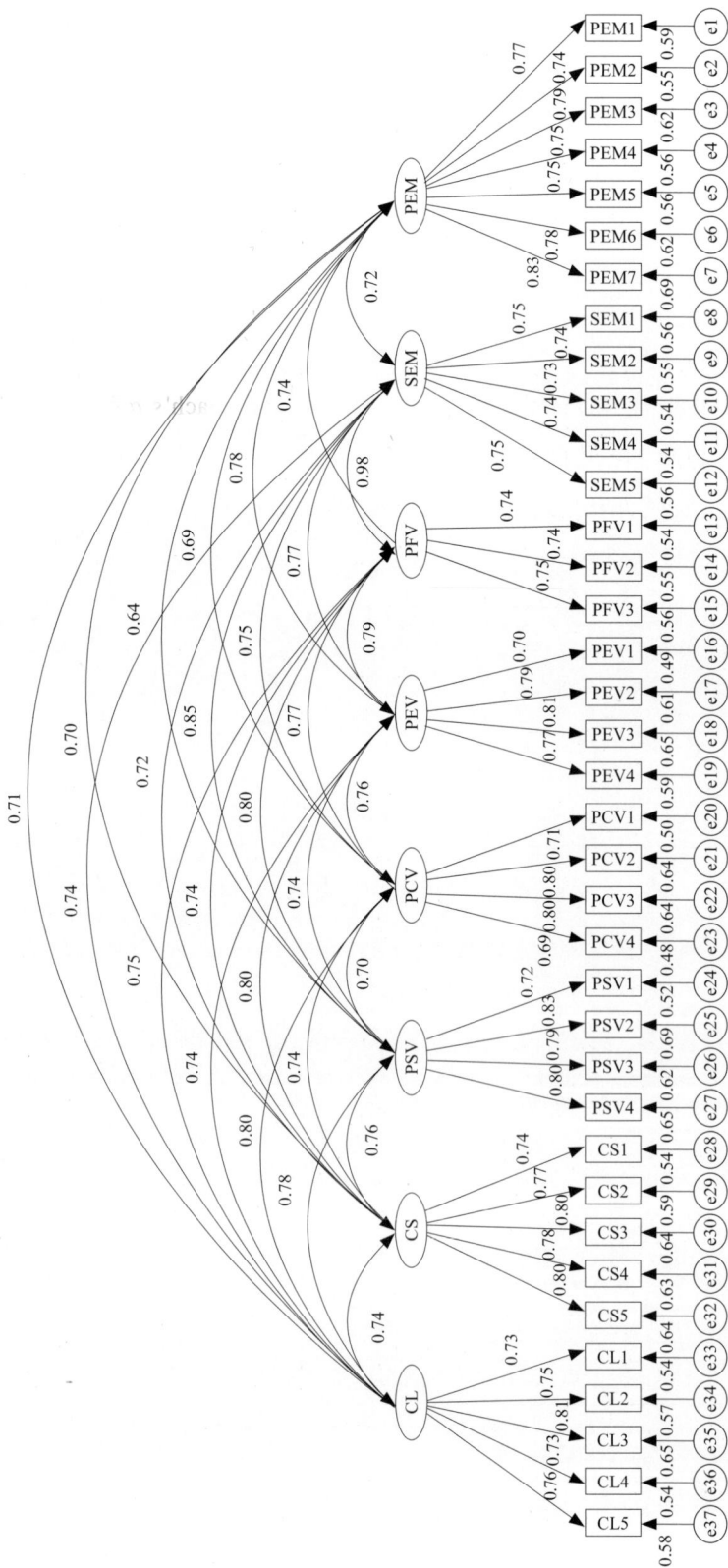

图 5-2 标准化整体测量模型验证性因素分析

5.6

信度分析

　　信度是对量表所测结果的稳定性和一致性的一种检验，信度越高表示测量标准误差越小。对于信度的评估可以采用Cronbach's α 系数来衡量，可以衡量同一概念下各题目的一致性，其中0.7为可接受最小信度值。也有学者建议用组成信度CR和平均方差萃取量AVE来衡量变量信度。虽然有学者认为CR对于变量信度的衡量效果要优于Cronbach's α 系数，但本次调研采用Cronbach's α、CR和AVE来衡量各变量信度。由表5-15结果可知，各构面Cronbach's α 系数在0.76~0.91，达到了0.7的最低标准；同时，各题项的标准化因素负荷量在0.674~0.828，也均达到了0.6的最低接受值；CR值在0.786~0.912，符合0.7的最低要求；各变量的平均方差萃取量在0.785~0.911，符合0.5的最低数值要求。因此，本次调研的测量模型具有足够的信度。

表5-15　顾客奢侈品购物意愿问卷信度分析表

题项		标准化因子载荷量	t值	SMC	CR	AVE	Cronbach's α
PEM	PEM1	0.764		0.584	0.912	0.597	0.911
	PEM2	0.722	16.205	0.521			
	PEM3	0.799	17.461	0.638			
	PEM4	0.746	16.333	0.557			
	PEM5	0.75	16.361	0.563			
	PEM6	0.793	17.327	0.629			
	PEM7	0.828	18.488	0.686			
SEM	SEM1	0.758		0.575	0.859	0.549	0.858
	SEM2	0.75	15.675	0.563			
	SEM3	0.749	15.536	0.561			
	SEM4	0.716	15.609	0.513			
	SEM5	0.73	15.866	0.533			

续表

题项		标准化因子载荷量	t值	SMC	CR	AVE	Cronbach's α
PFV	PFV1	0.728		0.53	0.786	0.55	0.785
	PFV2	0.754	15.294	0.569			
	PFV3	0.743	15.498	0.552			
PEV	PEV1	0.694		0.482	0.849	0.584	0.846
	PEV2	0.804	15.082	0.646			
	PEV3	0.792	15.583	0.627			
	PEV4	0.763	14.864	0.582			
PCV	PCV1	0.674		0.454	0.836	0.561	0.831
	PCV2	0.805	15.289	0.648			
	PCV3	0.817	15.296	0.667			
	PCV4	0.69	13.368	0.476			
PSV	PSV1	0.72		0.518	0.867	0.62	0.866
	PSV2	0.824	16.696	0.679			
	PSV3	0.793	15.893	0.629			
	PSV4	0.809	16.196	0.654			
CS	CS1	0.725		0.526	0.884	0.604	0.883
	CS2	0.752	15.892	0.566			
	CS3	0.808	16.539	0.653			
	CS4	0.787	16.083	0.619			
	CS5	0.809	16.622	0.654			
CL	CL2	0.731	15.467	0.534	0.871	0.575	0.871
	CL3	0.756	16.611	0.572			
	CL4	0.806	15.023	0.65			
	CL5	0.739	15.544	0.546			
	CL1	0.758		0.575			

5.7

效度分析

效度是指能够测到该测验所预测的心理或行为特质到何种程度。本次调研对于效度的检验主要体现在内容效度和建构效度两方面，前者指测验或量表内容或题目的适切性与代表性，后者指量表能测量理论的概念或特质的程度。本次调研的量表题项均来自已有的成熟量表，且经过了预调研检验，所以作者认为其具备内容效度；而建构效度主要包括收敛效度和区分效度，接下来将对效度进行检验。

5.7.1　内容效度

量表题项内容要具备适切性的特征，而这种特征也被称为内容效度。换言之，就是量表一定要涵盖所要衡量的内容。本次调研问卷题项由国内外文献分析、归纳、总结而来。调查工具发展过程中，由业内专家学者探讨提出对内容的修饰而加以修正，这点在预调研的时候已经完成了。在正式调研时，也邀请一些地域奢侈品经营者进行了问卷内容的优化。由此可见本次调研应具相应程度的内容效度，研究所编写的问卷具备一定程度的内容效度。

5.7.2　收敛效度

收敛效度，是指在问卷的测验过程中，是否会测量出相同的潜在特质，抑或是构想的指标变量，也就是观察变量，它会位于相同的因素层面。对于收敛效度的检验可以通过标准化因素负荷量和AVE值来反映。各题项的标准化因素负荷量在0.679 ~ 0.902，均达到了0.6的最低接受值，各变量的AVE值在0.573 ~ 0.759，符合0.5的最低数值要求。基于此，本书整体测量模型具有足够的收敛效度。

5.7.3　区分效度

区分效度是指变量所代表的潜在特质与其他变量的潜在特质间低度相关或有显著差异存在。验证变量之间的区分效度，可利用每一个变量AVE的算术平方根是否大于该变量与其他变量之间的相关性系数进行判断，如果某变量AVE

算术平方根大于其与其他变量之间的相关性系数，则测量模型具备区分效度，反之不具备。本次调研中区分效度结果见表5-16。其中，对角线数值为相应变量 AVE 的算术平方根，对角线以下数值为变量间的相关性系数。个人体验营销=PEM；社会体验营销=SEM；感知功能价值=PFV；感知情绪价值=PEV；感知成本价值=PCV；感知社会价值=PSV；消费满意度=CS；消费忠诚度=CL。

表5-16　区分效度分析结果

变量	AVE	CL	CS	PSV	PCV	PEV	PFV	SEM	PEM
CL	0.575	0.758							
CS	0.604	0.404	0.777						
PSV	0.62	0.427	0.417	0.787					
PCV	0.561	0.418	0.39	0.371	0.749				
PEV	0.584	0.392	0.427	0.399	0.391	0.764			
PFV	0.55	0.391	0.388	0.421	0.392	0.406	0.742		
SEM	0.549	0.390	0.42	0.453	0.383	0.402	0.498	0.741	
PEM	0.597	0.41	0.407	0.374	0.389	0.443	0.412	0.406	0.773

本次调研中八个变量的 AVE 之算术平方根均大于其与其他变量之间相对应的相关性系数，所以根据区分效度判别方法，本书中的测量模型具备较好的区分效度。

5.8

结构模型检验

SEM（Structura Equation Modeling）是处理因果关系模式的最有效的统计方法。SEM涉及结构化、假设等式、模型分析这三个方面，主要测量两类型模式，即测量模式以及结构模式。基于本次调研的研究目的，研究者采用结构模

5.9

方差分析

本次调研采用 SPSS 23.0 的独立样本 T 检验对年龄在各变量上的差异进行方差分析，分析结果见表5-22。

表5-22　年龄显著差异表

变量		平方和	自由度	均方	F	显著性
个人体验营销	组间	17.716	5	3.543	5.982	0
	组内	258.256	436	0.592		
	总计	275.971	441			
社会体验营销	组间	15.898	5	3.18	5.88	0
	组内	235.765	436	0.541		0
	总计	251.663	441			0
感知功能价值	组间	16.356	5	3.271	5.599	0
	组内	254.719	436	0.584		0
	总计	271.075	441			0
感知情绪价值	组间	21.599	5	4.32	7.16	0
	组内	263.043	436	0.603		
	总计	284.642	441			
感知成本价值	组间	20.588	5	4.118	7.280	0
	组内	246.612	436	0.566		0
	总计	267.2	441			0
感知社会价值	组间	23.793	5	4.759	7.24	0
	组内	286.584	436	0.657		0
	总计	310.377	441			0
奢侈品消费满意度	组间	15.536	5	3.107	5.177	0
	组内	261.673	436	0.6		0
	总计	277.209	441			0

续表

变量		平方和	自由度	均方	F	显著性
奢侈品消费忠诚度	组间	19.361	5	3.872	6.644	0
	组内	254.1	436	0.583		
	总计	273.460	441			

经方差分析，个人体验和满意度在年龄上不存在显著差异（表5-23），社会体验、功能价值、情绪价值、成本价值、社会价值和忠诚度在年龄上存在显著差异。经事后比较检验，16岁以下社会体验得分显著低于26~35岁与60岁以上社会体验得分，16~25岁社会体验得分显著低于26~35岁对社会体验得分。16岁以下功能价值显著低于16~45岁与60岁以上功能价值得分，26~35岁的功能价值得分显著低于46~60岁功能价值得分。16岁以下16~25岁情绪价值得分显著低于26~45岁情绪价值得分，26~35岁情绪价值得分显著高于46~60岁的情绪价值得分。16~25岁成本价值显著低于26~45岁成本价值得分，显著高于46~60岁成本价值得分。36~45岁与60岁以上成本价值得分显著高于46~60岁成本价值得分。16岁以下与16~25岁社会价值得分显著低于26~45岁对社会价值得分，16岁以下忠诚度显著低于16~45岁与60岁以上忠诚度得分，26~35岁和60岁以上忠诚度显著高于46~60岁以上忠诚度得分。

表5-23 学历显著差异表

变量		平方和	自由度	均方	F	显著性
个人体验营销	组间	14.879	4	3.720	6.226	0
	组内	261.092	437	00.597		
	总计	275.971	441			
社会体验营销	组间	11.857	4	2.964	5.402	0
	组内	239.806	437	0.549		
	总计	251.663	441			
感知功能价值	组间	9.753	4	2.438	4.077	0.003
	组内	261.322	437	0.598		
	总计	271.075	441			

变量		平方和	自由度	均方	F	显著性
感知情绪价值	组间	12.663	4	3.166	5.086	0.001
	组内	271.979	437	0.622		
	总计	284.642	441			
感知成本价值	组间	12.563	4	3.141	5.390	0
	组内	254.636	437	0.583		
	总计	267.2	441			
感知社会价值	组间	15.392	4	3.848	5.701	0
	组内	294.985	437	0.675		
	总计	310.377	441			
奢侈品消费满意度	组间	9.174	4	2.294	3.739	0.005
	组内	268.035	437	0.613		
	总计	277.209	441			
奢侈品消费忠诚度	组间	15.349	4	3.837	6.497	0
	组内	258.111	437	0.591		
	总计	273.46	441			

经方差分析，个人体验、功能价值、情绪价值、成本价值、满意度和忠诚度在学历上不存在显著差异，社会体验和社会价值在学历上存在显著差异。经事后比较检验，高中及以下的社会体验显著低于专科、本科、研究生和研究生以上的社会体验得分。高中及以下的社会价值得分显著低于专科、本科和研究生的社会价值得分（表5-23）。

经方差分析，个人体验、功能价值、情绪价值、成本价值、满意度和忠诚度在工作性质上不存在显著差异（表5-24），社会体验和社会价值在工作性质上存在显著差异。经事后比较检验，金领社会体验得分显著高于蓝领和其他人群的社会体验得分。

表5-24 工作性质显著差异表

变量		平方和	自由度	均方	F	显著性
个人体验营销	组间	6.657	3	2.219	3.609	0.013
	组内	269.314	438	0.615		
	总计	275.971	441			
社会体验营销	组间	7.672	3	2.557	4.591	0.004
	组内	243.99	438	0.557		
	总计	251.663	441			
感知功能价值	组间	6.122	3	2.041	3.373	0.018
	组内	264.953	438	0.605		
	总计	271.075	441			
感知情绪价值	组间	4.721	3	1.574	2.462	0.062
	组内	279.922	438	0.639		
	总计	284.642	441			
感知成本价值	组间	3.793	3	1.264	2.103	0.099
	组内	263.407	438	0.601		
	总计	267.2	441			
感知社会价值	组间	17.383	3	5.794	8.662	0
	组内	292.994	438	0.669		
	总计	310.377	441			
奢侈品消费满意度	组间	4.931	3	1.644	2.644	0.049
	组内	272.278	438	0.622		
	总计	277.209	441			
奢侈品消费忠诚度	组间	7.372	3	2.457	4.045	0.007
	组内	266.088	438	0.608		
	总计	273.460	441			

06

奢侈品
变量分析

6.1

奢侈品变量关系分析

6.1.1 体验营销对顾客感知价值的影响

奢侈品个人体验营销影响顾客感知价值主要表现在情绪价值、成本价值、社会价值方面。研究结果显示，个人体验营销对功能感知不具有显著影响。这意味着，当奢侈品管理者通过感官、情感、思考这三个角度进行奢侈品营销的时候，奢侈品顾客并不会感受到功能价值的提高。奢侈品社会体验营销对顾客感知价值有显著的正面影响。而社会体验营销对社会价值、情绪价值、成本价值三个方面的影响均不显著。

例如通过刺激视觉、触发情感共鸣、激发顾客的好奇心等手段的营销方式，顾客并不会感受到产品功能价值有所不同。一般情况下，这种手段更有助于功能性产品的销售，但在奢侈品的附加属性中，实用性往往是最被忽视的，这也是该关联分析的理由之一。这一结论与部分学者针对零售业其他领域的结论相违背，可能是因为奢侈品在功能作用的体现上，明显不如超级连锁百货。随着超级连锁百货在商场功能上，尤其是与数字化多媒体的交互技术的应用上日益更新，奢侈品在这方面尤显不足。

当前奢侈品体验营销并不是以虚拟托高自身的社会地位，以营造与产品本身无关的配套和名誉的提升为主要手段，产品功能并不是奢侈品购物者的主要目的，针对个人情感上的营销更容易让顾客获得奢侈品购物的冲动。

个人体验营销对情绪感知具有显著正相关影响。意味着当奢侈品管理者通过感官、情感、思考这三个角度进行奢侈品营销时，奢侈品顾客会明显地感受到情绪价值的提升。情绪价值更多指的是感性因素诱发的购物冲动，它与冲动消费息息相关。这一结果符合零售业异地冲动消费的购物特性之一。个人体验与情绪价值的影响最为明显。

个人体验营销对感知成本价值具有显著正相关影响。意味着当奢侈品管理者通过感官、情感、思考这三个角度进行奢侈品营销的时候，奢侈品顾客会明显地感受到成本价值的提升。也就是一种性价比的体验，对于大多数的顾客来说，奢侈品店是一种高性价比的购物场所，而有效地提升个人体验营销，可以让高性价比的感受更加强烈。

个人体验营销对感知社会价值具有显著影响。意味着当奢侈品管理者通过感官、情感、思考这三个角度进行奢侈品营销的时候，奢侈品顾客会明显地感受到社会价值的提升。社会价值包含了一种炫耀的心理，以及与人相聚购物的社交需求等。

通过结构方程模型检验，总体来说，在奢侈品零售业态中，社会的行为营销、关联营销会显著影响到奢侈品顾客对功能价值的感知，而无法影响奢侈品顾客对社会价值、情绪价值、成本价值的感知。

行为营销是身体上的一种互动，能够从行为方式的角度给奢侈品顾客带来体验感觉。而关联营销则是指通过把握奢侈品顾客对自身的期望方向和欲望，以及顾客希望受到他人的重视与青睐的心理，从而将品牌符号化。同时，与目标受众期望的社会、文化群体，进行十分精准的关联。关联营销需要通过顾客对于与奢侈品相关联的社会和文化群体的认可影响对品牌的态度，最终达到推广品牌、提升品牌竞争力的作用。

社会体验营销对感知功能价值具有显著影响，当奢侈品管理者通过行为与关联这两个角度进行奢侈品营销的时候，奢侈品顾客会感受到功能价值的提高。

本次调研通过深入研究奢侈品社会体验营销，对感知情绪价值、感知成本价值、感知社会价值的影响，从而发现社会体验营销对情绪价值、成本价值、社会价值不具有显著影响。意味着当奢侈品管理者通过行为与关联这两个角度进行奢侈品营销的时候，奢侈品顾客不会明显地感受到情绪、成本、社会价值的提升。不少学者基于个人层面对体验营销寄予关注，从而忽略了社会层面的重要性。相比商场购物，奢侈品店的顾客对于社会营销的接受度更低，这是由于奢侈品消费受时长、品牌、当地文化等众多因素限制的原因。

6.1.2 感知价值对奢侈品消费满意度的影响

根据量表数据显示，奢侈品顾客感知社会、成本、情绪价值与奢侈品消费满意度之间呈显著正相关关系。奢侈品购物者的感知情绪价值，对奢侈品消费满意度的影响最为显著。也就是说，奢侈品顾客在体验的过程中获得越优良的情感体验，其消费满意度就越高。而在奢侈品领域，功能价值与满意度的影响并不显著。

感知功能价值对奢侈品消费满意度不具有显著的影响。意味着产品的功能对奢侈品顾客的购物满意度不具有很大的影响。该结果与有些学者的研究结果不符，原因在于研究领域的区别性。奢侈品店与一般商场相比的最显著特点就是其折扣店的属性。产品功能并不是顾客对奢侈品聚集地的主要期望。虽然奢侈品店现有的功能模式与一般百货店相距甚远，但提升功能感知价值的一般手段，例如增加一些新媒体、具有高科技的引导方式，电梯模式等，并不适用于奢侈品，这些营销手法无法显著地提升奢侈品消费满意度。

感知情绪价值对奢侈品消费满意度具有显著的影响。也就意味着当奢侈品的购物者感受到情绪的愉悦，会显著提升购物满意度。由于奢侈品顾客对商品品类和服务的高预期，导致较多的顾客会认为在奢侈品店消费是正确的决定。这一点与满意度方面的结果相一致。顾客在奢侈品店购物时感知到的情绪价值较高，对奢侈品观感较好，认可奢侈品店在情感方面的附加价值和增值服务，可以提升顾客的奢侈品购物满意度，对促进购买意愿有着正面作用。通过与H2的结论对比，进而证明奢侈品情感营销的重要性。

感知成本价值对奢侈品消费满意度具有显著影响。意味着当奢侈品顾客感受到高性价比的时候，会直接提升购物满意度。在购物意愿的感知成本价值方面，大多数奢侈品顾客倾向于认为服务价有所值，对服务的评价较高。这与体验情况方面得分较高的奢侈品服务质量高和服务人员高效相一致。低价并不是奢侈品顾客的追求重点，在一种愉悦的环境中，采购性价比高的产品，是奢侈品顾客的追求。

感知社会价值对奢侈品消费满意度具有显著影响。意味着当奢侈品顾客购买的产品，可以让其感受到社会价值时，例如奢侈品名牌满足炫耀心理，顾客的消费满意度就会明显地提升。

6.1.3 消费满意度对消费忠诚度的影响

通过结构方程模型检验可知，忠诚度受满意度的显著影响。前文分析又知，满意度受功能价值、社会价值、情绪价值、成本价值的显著影响。意味着顾客的奢侈品购物满意度会影响顾客的忠诚度。在这种情形下，顾客在奢侈品购物时感知到的功能价值、情绪价值、成本价值、社会价值较高，满意度就较高，提升顾客的奢侈品购物忠诚度，对促进购买意愿有着正面作用。通过对调查问卷进行分析可以看出，奢侈品顾客在消费中感到满意之后，就会愿意将产品和服务推荐给他人，会推荐他人去奢侈品店购物。而且即使商品并没有降价促销活动，奢侈品顾客依然会选择去奢侈品店购物，若是能够有优惠券或者是积分的话，更能够激发奢侈品顾客的购物欲望。

奢侈品顾客在奢侈品消费满意度较高时，会更愿意到该奢侈品店购物，原因在于在这里购物能够得到更优质的购物体验，而并非因为只有这一家店铺可供选择。即便是周围有很多家店铺，或者网络购物更加方便，但一旦当奢侈品顾客消费满意度提高以后，他们也会更愿意到奢侈品店购物，这就是其忠诚度的最好表现。奢侈品店的体验营销可以使得更多的老客户愿意留在奢侈品店成为固定客流群体。将满意度和忠诚度介入模型与顾客感知价值进行模型验证性因子检验，说明奢侈品顾客的感知价值受到满意度和忠诚度的影响，这两个指标上升则奢侈品顾客的感知价值也会上升。

6.1.4　中介链式的影响

顾客对奢侈品的感知价值情况会影响奢侈品购物满意度。在这种情形下，顾客在奢侈品店购物时感知到的功能价值、情绪价值、成本价值、社会价值较高，会认为在奢侈品店的购物行为和商品可以带来较高的功能、社会、情绪、成本这些方面的价值，可以提升顾客的奢侈品购物满意度，对促进购买意愿有着正面作用，从而对顾客消费忠诚度产生显著影响。忠诚度与社会体验、功能价值、情绪价值、成本价值、社会价值和满意度呈显著正相关；通过回归分析可知，忠诚度作为因变量，可以被自变量功能价值、情绪价值、成本价值和社会价值预测。而H14和H18的不成立，进一步证明了感知功能价值在奢侈品场景中的弱相关作用。

6.1.5　差异比较

将差异性显著的变量进行年龄段人群的消费心理分析可知，忠诚度之所以在60岁以上的奢侈品顾客中比较高，是因为奢侈品店举办体验式营销的活动比较多，多是免费参与，以公平公开为原则，这符合老年人对于消费的基本需求，即通过活动进行社交式的放松疏解孤独感，帮助他们找到一个互动和交流的平台，最重要的是没有成本，而老年人的时间成本较低。另一个差异性较大的年龄段是26～35岁，这是一个非常具有购买力的客户年龄群体。体验式销售和客户感知价值的关系，并不能够直接与忠诚度和满意度联系起来。但是会因为体验式销售而了解到产品功能继而扩大内需，考虑短期购买，继而引发长期回购，这个过程先是有功能价值、情绪价值、成本价值、社会价值单项或者多项的满足，继而带来忠诚度。

顾客感知价值在年龄上存在显著差异。46～60岁的功能价值得分最高，说明该年龄段的顾客更注重产品的功能；36～45岁的情绪价值得分最高，说明该年龄段的顾客更注重消费带来的情感体验，同时这一年龄段的顾客成本价值得分也是最高的，说明与其他年龄段的顾客相比，他们更关注产品的成本，除了价格以外，还包括产品的运输、包装、后期维修等；而在社会价值方面，26~35岁的得分最高，说明该年龄段的顾客更注重产品带给自己的附加价值，商品能够提供给顾客更多产品功能、实用以外的其他属性，比如社交属性等。奢侈品在设计体验营销时，必须考虑到不同奢侈品顾客自身因素的差异性，这会是奢侈品成功开展体验营销策略的一项非常重要的基础。

高中及以下的社会体验显著低于专科、本科、研究生和研究生以上的社会体验得分，高中及以下的社会价值得分显著低于专科、本科和研究生的社会价值得分。从中可以看出，学历较低的顾客群体的社会体验、社会价值得分较低，可以认为高学历顾客群体更看重在奢侈品购物带来的社会地位认知。考虑到文化水平较高的消费群体，除商品自身外，对购物行为中的体验和增值服务有较高要求。

学历带来的差异主要反馈于一个指标，那就是社会体验。原因是奢侈品的功能服务学历越高，需求越多。这不难理解，奢侈品的产品种类和组合齐全，打个比方，如果设立一层专门卖高科技产品，比如专门为亚健康群体设计的局部按摩服饰，专门为艺术家设计的可视化家具，这些需求都是高消费需求，也是奢侈品一定会考虑开展体验式销售的产品项目。学历层面制约客户选择此列产品的购买，从而丧失掉对整层奢侈品的社会体验基准水平。

6.2

奢侈品人群画像分析

6.2.1 典型消费群体分析

奢侈品具备四类典型的顾客群体，应采取有针对性的营销策略。通过对各个维度进行聚类分析，奢侈品顾客可被分为高标型、均衡型、产品型、不定型四类。应着重进行体验营销，提高高标型和均衡型顾客的满意度和忠诚度。

高标型：此类群组数量相对较多，占总体样本46%，该组群顾客对各维度要求水平均相对偏高。同时，此类顾客具有最高的满意度（22.40）和最高的忠诚度（22.07），远高于其他三类顾客。应该着重对此类顾客进行定向营销。

均衡型：此类群组数量相对较多，占总体样本 49%，各项分值与其他组群相比均处于中间值。该族群顾客在奢侈品店购物的主要原因较易受感知功能价值影响，应着重强化对此类顾客的体验营销。

产品型：产品型顾客占总体3%，该类顾客具有较高的感知成本价值，具有较高的满意度和较低的忠诚度，属于典型的价格敏感型顾客。

不定型：不定型顾客占总体2%，各维度得分都较低，分值分布较为平均，说明该类人群动机较平稳。这种购买意愿心态常常发生于新购买者，他们往往缺乏购买经验，购买心理不稳定，选购商品时大多没有主见和完备标准。

6.2.2 多元化的体验服务

奢侈品的管理者，应该以人为基础，为顾客提供多元化的体验服务。作者在广泛的文献综述基础上，对奢侈品体验营销做了系统的剖析，在奢侈品体验营销的基本概念上，从个人层面和社会层面进行了归纳，从而发现购物活动是一种具有复杂心理过程与多向交流的体验活动，针对顾客的个人体验营销尤为重要。产品的口碑相传是通过"人"的不断体验而被正向传播的，而产品的需求也伴随"人"的购物需求而不断攀升。

奢侈品的发展顺延了"人"的购物需求不断攀升的趋势，从"人"对购物的基本需求，到境外购物的特殊税率优惠，再到不同层次顾客的消费需求，从而逐渐形成区域性效益。不少新兴景点都会在开发的时候，同步配套奢侈品店的规划。未来，奢侈品店有可能成为取代零售业其他业态的综合群聚体。也正是有"人"的参与，奢侈品店往往远离郊区也得以蓬勃发展，奢侈品购物消费成为一项集体验、休闲、度假为一体的时尚活动。因此，站在奢侈品店管理者的角度，应该要以奢侈品消费顾客的需求为导向，服务策略上提供更具个人体验效果的营销手段。

6.2.3 以奢侈品文化输出为导向

本次调研在大量文献综述的基础上，根据实际，界定出奢侈品体验营销和感知价值的新内涵。以个人和社会界定感知价值的概念为基础，全新界定出奢侈品体验营销和感知价值的内涵，从而发现奢侈品具有它自己的历史与独特的文化。这是奢侈品店管理者需要注意并加以尊重的事实。大部分奢侈品顾客对于奢侈品的认知依然是基于"高档产品"的基本认知。对于他们来说，奢侈品需要具备一定的功能价值、社会价值。例如，名牌给人炫耀的价值，高性价比给予功能的价值等。奢侈品店管理者要重视奢侈品文化的起源，把握品牌入驻门槛并建立严格的代理商审核制度。

6.2.4 以创新为驱动

以品牌文化输出为导向，凸显奢侈品尊贵服务供给。普拉达（Prada）在沙漠中开设的快闪店（图6-1），给予奢侈品店管理者更多的思考。建立在茫茫沙漠里的普拉达门店，只有包包和鞋，没有店员，也从不开门做生意。它变成了沙漠里最独特的一道风景线，多年以来也成为一个特色景点，吸引人们参观，从公共艺术角度来看，也成就了不少有趣的艺术概念交流及对话。景区与奢侈品店结合，已经被越来越多的品牌所注意。

顾客的购物动机已经在慢慢地倾向于多元化的考量。事实上，当代顾客愿意去选择一份独特的文化，会想要感受到那种梦想中独一无二的VIP体验。如果奢侈品可以巧妙地运用品牌文化恰到好处地表达主题，实现文化与景区的有效整合，尤其是在一些奢侈品发源地的结合，例如在意大利开设相应的皮革体验中心，在爱马仕的发源地工厂店附近提供丝巾的服务，那么对于顾客尤其是年轻顾客来说，是一种潜在的文化输出。奢侈品店的人流量远大于一般市区精品店的人流量，并且这种复合型人流样本有助于转化为品牌的重视簇拥者。对于品牌管理者而言，要重视文化输出，切忌把奢侈品门店当作单一销售商品的入口。

图 6-1　沙漠中的 Prada 店

参考文献

REFERENCE

[1] 张秀芬.中国奥特莱斯的困境[J].中国制衣，2013（3）：70-73.

[2] DI MATTEO L，DI MATTEO R. An analysis of Canadian cross-border travel [J]. Annals of Tourism Research，1996，23（1）：103-122.

[3] 金准.产品约束下的旅游消费结构二元特征研究[D].上海：华东师范大学，2005.

[4] 郭信艳，钟滨.浅析归因行为与旅游购物满意的关系[J].商场现代化，2006（9）：44-45.

[5] 范少花.旅游商品购买行为影响因素研究[D].福州：福建农林大学，2011.

[6] 韩军，王方.奥特莱斯在山西的市场发展前景[J].山西财政税务专科学校学报，2003（3）：66-68.

[7] 丁昀.奥特莱斯：走出形似神散的尴尬[J].销售与市场（管理版），2013（3）：96-99.

[8] DAVIS A K，TAMA S I. Managers' use of language across alternative disclosure outlets：Earnings press releases versus MD&A [J]. Contemporary Accounting Research，2011（29）：838-844.

[9] SCHMITT B H. Experiential marketing [J]. Journal of Marketing Management，1999，15（1）：53-67.

[10] 吉尔摩.体验营销[M].刘银娜，高靖，梁丽娟，译.北京：机械工业出版社，2008.

[11] JIN N，LEE S，LEE H. The effffect of experience quality on perceived value，satisfaction，image and behavioral intention of water park patrons：New versus repeat visitors [J]. International Journal of Tourism Research，2015，17（1）：82-95.

[12] MORRIS M H，CALANTONE R G. Four components of effective pricing [J]. Industrial

Marketing Management，1996，19（4）：321-329.

[13] LEE S，PHAU I. Young tourists' perceptions of authenticity，perceived value and satisfaction：The case of Little India，Singapore [J]. Young Consumers，2018，19（1）：70-86.

[14] LORD D J. The outlet/off-price shopping centre as a retailing innovation [J]. Service Industries Journal，1984（1）：9-18.

[15] 王陆军.基于情景感知的移动应用用户体验设计研究[D].北京：北京邮电大学，2014：112-129.

[16] BRAKUS J J，SCHMITT B H，Zarantonello L.Brand experience：What is it? How is it measured? Does it affect loyalty? [J] Journal of Marketing，2009，73（3）：52-68.

[17] 王朝辉，陆林，夏巧云，刘筱.重大事件游客感知价值维度模型及实证研究：以2010上海世博会国内游客为例[J].旅游学刊，2011，26（5）：90-96.

[18] 王梦晓.基于价值工程理论的顾客体验价值研究[D].青岛：中国海洋大学，2015：80-85.

[19] 汪涛，崔国华.经济形态演进背景下体验营销的解读和构建[J].经济管理，2003（20）：43-49.

[20] 刘建新，孙明贵.顾客体验的形成机理与体验营销[J].财经论丛，2006（3）：95-101.

[21] 邹艳.O2O视域下线下零售店的体验营销价值与应用[J].商业经济研究，2018（18）：53-55.

[22] MATHWICK C，MALHOTRA N，RIGDON E. Experiential value：Conceptualization，measurement and application in the catalog and Internet shopping environment [J]. Journal of Retailing，2001，77（1）：39-56.

[23] HOLBROOK M B. Customer value-a framework for analysis and research [J]. Advances in Consumer Research，1996，23（1）：138-142.

[24] SWEENEY J C，SOUTAR G N，JOHNSON L W. Retail service quality and perceived value：A comparison of two models [J]. Journal of Retailing & Consumer Services，1997，4（1）：1-48.

[25] BLOCH P H，RIDGWAY N M，Dawson S A. The shopping mall as consumer habitat [J]. Journal of Retailing，1994，70（1）：1-42.

[26] PETRICK J，MORALS D D，NORMAN W. An examination of the determinants of entertainment vacationers' intentions to revisit [J]. Journal of Travel Research，2001，40（8）: 41-48.

[27] 范秀成.网络旅游消费者参与心理与行为的实证研究[J].旅游学刊，2014（29）: 2.

[28] HAUSMAN J，LEIBTAG E. Consumer benefits from increased competition in shopping outlets: Measuring the effect of Wal-Mart [J]. Cemmap Working Papers，2006，22（7）: 1157-1177.

[29] Heung V C，Qu H. Tourism shopping and its contributions to Hong Kong [J]. Tourism Management，1998，19（4）: 383-386.

[30] 宗婷婷.定制男装体验行销对顾客购买意愿的影响研究[J].北京服装学院，2016（2）: 18-19.

[31] AKIN A J C, BEHAVIOR. The relationships between internet addiction，subjective vitality，and subjective happiness. Cyberpsychology [J]. Behavior, and Social Networking，2012，15（8）: 404-410.

[32] DUBREUIL P，FOREST J. From strengths use to work performance: The role of harmonious passion，subjective vitality，and concentration [J]. The Journal of Positive Psychology，2014，9（4）: 335-349.

[33] GIBBONS J，ASHCROFT G S. Development Multiculturalism and language shift: A subjective vitality questionnaire study of Sydney Italians [J]. Journal of Multilingual Multicultural Development，1995，16（4）: 281-299.